SO GENIESST DER LÖWE.
UND MIT WEM.

Die 12-Sterne-Küche

Gerda Rogers
Senta Ziegler

SO GENIESST DER LÖWE. UND MIT WEM.

Mit Rezepten von Renate Wagner-Wittula

molden verlag

Impressum

ISBN 978-3-85485-280-3

styria books

Bücher aus der Verlagsgruppe Styria gibt es
in der Buchhandlung und im Online-Shop.

styriabooks.at

Lektorat: Marion Mauthe
Cover- und Buchgestaltung:
Doris Grussmann
Druck und Bindung:
Druckerei Theiss GmbH
St. Stefan im Lavanttal
Printed in Austria

INHALT

DEM LÖWEN IN DEN KOCHTOPF GESCHAUT

Vorspeisen & Suppen

Hauptspeisen

Chinesische Festtafel

Nachspeisen

:ERKENNE DICH SELBST

„Es ist verblüffend!" – so lautet immer wieder das Aha-Erlebnis von anfangs Uneingeweihten, wenn sie allmählich erkennen, wie sehr ihr persönlicher Charakter, ihr Wesen, ihre Psyche, Träume, Fehler und unangenehmen Merkmale mit den Eigenschaften ihres Tierkreiszeichens übereinstimmen. Diese Übereinstimmung findet sich bis hin zu den Ess- und Trinkgewohnheiten, die durch das persönliche Sternbild beeinflusst sind und die hier genüsslich beschrieben werden.

Jedes dieser zwölf Genussbüchlein bietet eine dreifache Bereicherung:

- **Teil eins** enthält eine ausführliche Wesensbeschreibung jedes einzelnen Tierkreiszeichens in Bezug auf Liebe, Familie, Heim, Küchengestaltung, Lokalauswahl, Festefeiern, Gaumenfreuden, Alkoholgenuss, Gesundheit und sportliche Aktivität. Mit einem Wort: Hier geht es um die Frage, wie jeder Einzelne von uns im Zeichen der Sterne genießen kann.
- **Teil zwei** gibt eine Übersicht über das Zusammenspiel der Sternzeichen: Wie sie einander ergänzen oder eben nicht. „Wie die Tierkreiszeichen einander einkochen" ergibt ein schlaues Wer-mit-wem, das zur verträglichen Partnerwahl für einen Abend, für einen gemeinsamen Urlaub – oder auch für ein ganzes Leben wertvolle Aufschlüsse gibt. Unsere Tipps sind als

kleine Wegweiser im Zusammenleben und -wirken gedacht, die zu beherzigen wir nur empfehlen können.

- **Teil drei** liefert jedem Tierkreiszeichen eine Fülle von Lieblings-Rezepten. Sie stammen aus der erprobten Rezeptesammlung des leider allzu früh verstorbenen, österreichischen Gourmet-Papstes Christoph Wagner, die seine Witwe Renate Wagner-Wittula für diese 12-Sterne-Küche zusammengestellt hat – zwölf feine kleine Geschenkbüchlein für alle, die ihren kulinarischen Alltag mit dem Stand von Sonne, Mond und Sternen in Einklang bringen und lustvoll leben wollen.

Wir wissen, dass Genetik, Erziehung, Milieu, Zeitumstände selbstverständlich für die Wesensart eines Menschen eine Rolle spielen, jedoch nicht die alleinige. Zeitpunkt und Ort der Geburt spielen insofern mitbestimmend, als sich der Einfluss der Gestirne nicht nur auf unseren Planeten im Allgemeinen auswirkt, sondern auch auf die auf ihm lebenden Organismen.

Absichtlich haben wir den Prototypus des Tierkreiszeichens mit seinen markanten Eigenschaften beschrieben. Hätten wir uns auf eine weniger kategorische Diktion eingelassen, dann wäre die Charakterisierung der Typen so verwässert, dass sich niemand an ihr orientieren kann. Auf Ausnahmen und Abweichungen einzugehen, die es entsprechend den persönlichen Horoskopen selbstverständlich gibt, würde den Rahmen dieser Publikation aber deutlich sprengen.

Und noch ein Phänomen verlangte unsere besondere Aufmerksamkeit: die Genderfrage. Denn wem fällt beim Stier nicht unverzüglich eine männliche, bei der Jungfrau eine weibliche Person ein? Es war also nötig, sich in jedem einzelnen Fall von den durch die männlichen und weiblichen Artikel noch fälschlich begünstigten alten Rollenklischees gebührend zu verabschieden. Sprechen wir also vom tüchtigen Stier, vom erfolgreichen Krebs, vom revolutionären Wassermann, dann sind sowohl weibliche als auch männliche Vertreter dieser Sternzeichen gemeint. Nur dann, wenn Unterschiede zu illustrieren waren, haben wir eine deutliche Geschlechtsunterscheidung vorgenommen.

Wie auch immer: Selbst wer nicht daran glaubt, dass es zwischen Himmel und Erde mehr Dinge gibt, als unsere Schulweisheit sich träumen lässt, dem hilft die Astrologie bestimmt, sein Lebensschiff etwas geschickter und gefahrloser durch die Untiefen und Klippen des Lebens hindurchzusteuern.

Und nun lassen Sie sich Ihre astrologisch angerichteten Tafelfreuden auf das Genussvollste schmecken – bon appétit!

Gerda Rogers und Senta Ziegler

KLEINE EINFÜHRUNG IN DIE ASTROLOGIE

Der Tierkreis bildet die Grundlage für das abendländische Horoskop. Er setzt sich aus zwölf Segmenten zusammen, die sich durch die Teilung der Ekliptik, also der scheinbaren Bahn der Sonne am Himmel im Lauf eines Jahres, ergeben. Ausgehend vom Frühlingspunkt, also der Frühjahrssonnenwende, werden diese Segmente jeweils einem Tierkreiszeichen unterstellt. Als Tierkreiszeichen einer Person wird im Normalfall dasjenige bezeichnet, in dem die Sonne zum Zeitpunkt ihrer Geburt stand.

Da die Sonne nicht um Mitternacht von einem Tierkreiszeichen in das nächste wechselt, ist die häufig zu findende allgemeine Einteilung nach Kalendertagen nicht vollkommen präzise. Der genaue Zeitpunkt des Übergangs variiert auch von Jahr zu Jahr, da das Sonnenjahr nicht genau 365 Tage lang ist. Astrologen berechnen den Übergang daher genau, in Tierkreiszeichen-Büchern und Zeitungshoroskopen ist dennoch die Angabe von Kalendertagen üblich, woran auch wir uns halten.

Die Tierkreiszeichen werden den vier Elementen Feuer, Luft, Erde, Wasser zugeordnet, mit den entsprechenden Grundeigenschaften:

- Die Feuerzeichen **Widder, Löwe, Schütze:** dynamisch, impulsiv
- Die Luftzeichen **Zwillinge, Waage, Wassermann:** flexibel, kontaktfreudig
- Die Erdzeichen **Stier, Jungfrau, Steinbock:** realistisch, vernunftorientiert
- Die Wasserzeichen **Krebs, Skorpion, Fische:** gefühlsbetont, zurückhaltend

Um ein Geburtshoroskop zu erstellen, ist es wichtig, Tag, Uhrzeit und Ort der Geburt genau zu kennen. Mit der Geburtszeit wird der Aszendent berechnet, das ist jenes Tierkreiszeichen, das im Augenblick der Geburt über dem Osthorizont in Erscheinung tritt und für die Charakterisierung überaus bedeutend ist.

Sollte sich der Leser also mit dem beschriebenen Eigenschaftenkatalog nicht hundertprozentig identifizieren können, so sollte er beim Tierkreiszeichen des Aszendenten nachlesen, um ein vollständigeres Bild der individuellen Persönlichkeit zu erzielen. Man sollte somit die Wesensmerkmale seines Tierkreiszeichens genauso wie jene seines Aszendenten kennen.

Die Charakteristik eines Menschen ist allerdings nicht nur vom Sonnenstand und vom Aszendeten bestimmt, auch die einzelnen Planeten haben einen starken Einfluss auf das Individuum und sein Schicksal.

DER LÖWE

23. Juli bis 23. August

EIGENSCHAFTEN DES LÖWEN

In der Jahreszeit, in der die Löwen-Kinder zur Welt kommen, hat die Sonne die stärkste Strahlkraft. Wer unter so prächtigen klimatischen Voraussetzungen geboren wird, kann sich ungehindert und mit Stolz geschwellter Brust in Szene setzen. Tatsächlich ist die Sonne der astrologische Herrscher der Löwe-Geborenen. Herrschaftsanspruch, Prunk und Verehrung liegen dem Löwen im Blut. Mit so viel Energie, Licht und Feuer ausgestattet, kann man sich schließlich nicht mit einer Nebenrolle begnügen. Löwen müssen im Mittelpunkt stehen, ganz vorne auf der Bühne des Lebens. Sie wollen und müssen in jeder Hinsicht etwas darstellen. Sie tragen die Sonne in sich.

Natürlich hat jedes Individuum in gewisser Weise ein egozentrisches Weltbild, aber bei keinem anderen Sternzeichen ist die Rollenverteilung zwischen dem Ich und dem Rest der Welt so eindeutig.

Als Leitbild aller Löwe-Geborenen mag Frankreichs imposanter Kaiser und Feldherr Napoleon I. Bonaparte (geboren am 15. August 1769 auf Korsika) gelten. Kraft, Glanz und Macht sind der gemeinsame Nenner der Löwen. Sie strotzen vor Energie und Durchsetzungskraft, sind sehr von sich überzeugt; wobei sich hinter ihrer Prachtfassade oft nicht wahre Größe, sondern nur ein mit ungeheurer Exzentrik multipliziertes Selbstwertgefühl verbirgt. Sie beanspruchen den Platz in der vordersten Reihe, vermögen sich fast ausnahmslos an die Spitze zu setzen.

Um tatsächlich auf dem Podest zu stehen, legen sie ihre ganze Kraft in ihren Beruf und den größten Arbeitseinsatz an den Tag, damit es ihnen auch finanziell gelingt, zu den Oberen Zehntausend zu zählen. Sie gehören nicht zu denen, die – wie häufig ihre Pendants in der Natur – nur in der Sonne liegen, sondern sie gehören überwiegend zu den kämpferischen Erfolgsmenschen. Dabei setzen sie nicht auf die Schlagkraft ihrer Ellbogentechnik wie andere Feuerzeichen, sondern sie erreichen ihre Ziele mit Charme, Fleiß und Intelligenz. Sie sind hilfsbereite und freundliche Zeitgenossen.

Ihre Hilfe ist durchaus selbstlos, sie erwarten nicht unbedingt, dass man ihnen etwas dafür zurückgibt. Der Löwe ist aufrichtig und erwartet auch von anderen Ehrlichkeit. Freilich, der Löwe umgibt sich gern mit einflussreichen Freunden. Von ihrem Glanz soll auch etwas auf ihn abfallen. Er zeichnet sich aus durch Charme, Charisma und ausgeprägten Sinn für alles Schöne und Elegante.

Obwohl der Löwe – neben Widder und Schütze – zu den Feuerzeichen zählt und über ein entsprechend heißblütiges Temperament verfügt, ist er normalerweise eher behäbig. Wenn er nicht unter Zeitdruck steht, kann er ganz schön auf der faulen Haut liegen. Es ist nicht nur angenehm, sondern fast selbstverständlich für ihn, bedient zu werden. Das entspricht seinem Standesbewusstsein. Geht der Löwe etwas an, dann mit großer Dynamik. Mit seiner Kraft, seinem Schwung und seiner enormen Einsatzbereitschaft kann er auch andere immer wieder mitreißen. Das gilt auch für Vorhaben, die nicht bewältigbar scheinen und die sich andere gar nicht erst zutrauen würden.

Löwen sind, wie könnte es anders sein, Alphatiere. Sie arbeiten viel, um sich ihre luxuriöse Lebensart leisten zu können, und auch, um sich von der Masse abzuheben. Was sie haben, zeigen sie auch gern her. Sie sehen sich als das Maß der Dinge und verlangen gebieterisch nach Bestätigung ihrer Größe und Einmaligkeit. Egal, ob sie ihr Vermögen geerbt oder es sich erarbeitet haben: Sie brauchen den Beifall, die Anerkennung und den Applaus.

Beruflich findet man die Löwe-Geborenen im Managementbereich und in Führungspositionen großer Firmen und Konzerne oder als selbständige Unternehmer.

Man rufe sich den Begriff „Baulöwe“ ins Gedächtnis: In ihm steckt viel vom astrologischen Löwen. Das klingt nach Geld, Macht und Einfluss und nach einer Methode, sich große Denkmäler zu setzen. Daraus lässt sich schließen, dass die Berufe des Architekten, Baumeisters, Bauherrn, Immobilenmaklers und -finanziers ideal für den Löwen sind. Man könnte ihn mit seinem Machtstreben natürlich auch im Verdacht haben, es ziehe ihn besonders stark in die Politik. Das ist aber nicht der Normalfall. Denn Politiker sind ständig öffentlicher Kritik ausgesetzt und brauchen daher ein dickes Fell. Und Kritik vertragen Löwen nur schwer. Da ziehen sie lieber die Fäden im Hintergrund. Mit der Macht des Geldes. Deshalb wird man speziell im Bankwesen wahrscheinlich viel mehr Löwen finden als auf der undankbaren Regierungsbank.

Der typische Löwe ist zwar fleißig und tüchtig, aber er ist auch Meister im Delegieren. Im Erfolgsfall nimmt er gern die Lorbeeren für sich in Anspruch, ohne auch nur einen Dank an die Mitstreiter im Hintergrund zu verschwenden.

Löwen sind überaus mutig und charmant, sie verfügen über eine charismatische Ausstrahlung und, wie erwähnt, über hervorragende Führungsqualitäten. Es gibt wahrhaft großherzige, edle, generöse Löwen, die ihre Macht und Stärke mit weisem Verstand einsetzen. Doch auch die Kehrseite eines krankhaft ichbezogenen, engstirnigen Gernegroß ist unter diesem Tierkreiszeichen möglich.

Der Löwe spart nicht bei seiner Garderobe, auf sein gepflegtes Äußeres legt er großen Wert. Das schickste

Auto unterstreicht seinen imponierenden Auftritt, der immer so inszeniert ist, dass sich alle Blicke auf ihn richten können. Er liebt Glanz und Glamour – und Kameras. Löwen sind erotisch und temperamentvoll. Sie verreisen gern, lieben Kuraufenthalte in großen Städten oder kurze Wellness-Urlaube. Löwe-Geborene shoppen in In-Geschäften, sind schönheitsbewusst, betreiben Fitness- und Körperkult, tragen gern Schmuck und teure Markenuhren und umgeben sich mit bemerkenswerten Menschen.

Löwen haben Charisma. Sie sind die Könige des Tierkreises. Ist der Löwe auch nicht immer vermögend, so wird ihm der große Auftritt dennoch gelingen. Er vermag es, diesen Hauch von Luxus und großer, weiter Welt allein durch seine Persönlichkeit auszustrahlen.

Der Löwe und die Liebe

Löwen sind äußerst leidenschaftlich und in ihrem Gefühlsausdruck genauso überschwänglich und verschwenderisch wie mit all ihren Lebensäußerungen. Wer sich einmal von einem „big spender“ so richtig verwöhnen lassen möchte, sollte die Liebe eines Löwen entfachen. Dieses Sternzeichen scheut keine Kosten und Mühen, um das Herz der oder des Angebeteten zu erobern. Da wird alles Imponiergehabe aufgeboten, dessen ein Mensch nur fähig ist. Und erst recht wenn es gilt, einen Konkurrenten aus dem Feld zu schlagen.

Womit auch immer das Objekt der Begierde zu beeindrucken ist, der Löwe wird es im Übermaß zur Schau tragen – von materiellen Gütern bis zu intellektueller Brillanz. Verfügt der Löwe nicht über das nötige Kleingeld, um all diesen materiellen Glanz bieten zu können, wird er sich Geld und Prestigeobjekte ausborgen oder möglicherweise sogar Sachen ins Pfandhaus tragen, nur um entsprechenden Eindruck schinden zu können.

Löwen können aber auch große Blender sein. Wie die Sonne eben: Sie strahlt und wärmt zwar, aber sie blendet auch. Um dann die Dinge noch richtig sehen zu können, muss man die Hand über die Augen halten oder eine Sonnenbrille aufsetzen.

Wie verführt man einen Löwen? Achtung! Mit ihren erotischen Reizen sollte sich die von einem Löwen begehrte Dame vorerst zurückhalten! Denn die Eroberung muss dem Löwen überlassen werden, da will sein Jagdtrieb geweckt sein. Zunächst darf sie ihn vielleicht mit ihrer Kochkunst bezirzen. Die gekühlte Flasche Champagner, der ausgesuchte Wein bringen den Löwen zum Schnurren. Bescheiden und schlicht darf es bei anderen zugehen, diesen Tugenden kann der Löwe nicht das Geringste abgewinnen. Lädt ihn die Auserwählte ein, darf es ruhig das Teuerste sein und der prachtvoll geschmückte Tisch sollte sich unter mehreren Gängen des Menüs biegen. Er liebt das Beste vom Besten.

Auch die Löwe-Frau muss unbedingt das Gefühl bekommen, dass sie die Begehrenswerte ist, der Partner muss um ihre Gunst werben, nicht umgekehrt. Bis die beiden dieses Machtspiel in den Griff bekommen, kann es erotisch überaus aufregend knistern. Und dieses Spiel kann ein Leben lang andauern – wie der Hundertjährige Krieg – mit längeren Waffenstillständen zwischendurch.

Der Löwe und die Familie

Löwen sind, wie schon in der Natur, ausgeprägte Familienwesen. Sie leben gern im Rudel und sind überaus kinderlieb. Die vom Löwen dominierte Familie hält fest zusammen, Entscheidungen werden gemeinsam getroffen.

Der Löwe wohnt mit Vorliebe an einer guten Adresse, liebt sein Eigenheim oder seine schon in Lage und Größe von anderen Behausungen unterscheidbare Wohnung. Er investiert großzügig in die modernste Einrichtung, glänzt mit Designermöbeln, umgibt sich mit vielen Spiegeln und Kristallen – einfach mit allem, was glitzert und funkelt. Viele Goldrahmen zeugen von der ihm zugeordneten Farbe Gold, der Farbe der Sonne. Sein Badezimmer ist vom Feinsten, es weist die teuersten Kacheln und Fliesen auf. Und er hat sich, weil er doch eitel ist, auch mit den neuesten Fitnessgeräten eingedeckt.

Löwen sind auch beim Wirtschaftsgeld großzügige Partner. Sie halten das Rudel mit ihrem Geld und ihrem Kommando liebevoll zusammen, sie investieren viel in die Familie und erwarten sich dafür auch Anerkennung und Dank.

Löwe-Frauen kann man allerdings nicht nur in die Küche abschieben, sie verdienen ihr eigenes Geld und geben es mit leichter Hand wieder aus. Sie sind diejenigen, die man beim Shoppen auf der Luxusmeile trifft. Sie lassen sich von Markennamen verführen.

Löwe-Frauen sind gute Mütter. Selbst als Alleinerzieherinnen sind sie bemüht, ihrem Nachwuchs die beste Ausbildung angedeihen zu lassen. So häuslich wie die Krebs- oder die Stier-Frau ist eine Löwin nicht, aber sie kocht ebenfalls gern und gut. Umgekehrt schätzt es der Löwe aber allemal, wenn ein mit Liebe gekochtes Mahl auf ihn zu Hause wartet. Und er schätzt es als Krönung des Tages.

Löwen neigen mit Sicherheit zu patriarchalischem Verhalten. Manchmal können sie sich auch zu wahren Tyrannen entwickeln, die keinen Widerspruch dulden. Diese Zeiten sind zwar vorbei, doch erwartet sich der Löwe nach wie vor zu Hause die Führungsrolle zu übernehmen, nach wie vor wird man ihn bei familiären Entscheidungen nicht übergehen können. Das trifft auch auf Löwe-Frauen zu.

Löwen sind auch eifersüchtig, obwohl sie dies nur ungern zugeben, doch sie tragen dem Partner Verletzungen nicht ein Leben lang nach. Sie sind in allem großzügig.

Der Löwe und die Gesundheit

Löwen neigen zum Zunehmen. Deshalb treiben sie regelmäßig Sport, vorwiegend Golf, Segeln und Tennis. Der Löwe besucht ein Fitnessstudio vor allem um seine Figur zu erhalten. Und er lässt sich gern massieren, denn er schätzt das Bearbeiten seiner ohnehin belasteten Wirbelsäule ganz besonders.

Auch Löwe-Kinder sind bereits ausgeprägte Naschkatzen. Deshalb sollten Eltern sie zum Ausgleichssport animieren. Man würde ihnen Gutes tun, den Brotkorb etwas höher zu hängen, um sie schon frühzeitig gegen die Gesundheitsprobleme dieses Tierkreiszeichens, nämlich Herz- und Kreislauferkrankungen, zu wappnen.

Die unangenehmen Seiten des Löwen

Wo viel Licht ist, da ist auch viel Schatten. Der Löwe leidet vornehmlich unter Selbstüberschätzung. Verlieren Löwen ihr Vermögen, werden sie dennoch nur schwer auf Pomp und Trara verzichten können. Im besten Fall werden sie sich aus der Gesellschaft zurückziehen, um ihre Kräfte neu zu sammeln. Mit einem erneuten wirtschaftlichen Anlauf werden sie es der Gesellschaft wieder zeigen. Da sind sie tatsächlich Stehaufmännchen. Sie werden alles tun, um ihre Leuchtkraft wieder zu entfachen, denn sie wollen am Pulsschlag der Zeit nicht fehlen.

Oft übertreiben Löwen mit prunkvollem Schmuck, weniger wäre da manchmal mehr. Doch sie bemerken oftmals den Unterschied nicht. Vielleicht sind ihre Freundschaften und Kontakte nicht immer reine Herzensangelegenheiten, oft sind Löwen berechnend und knüpfen ihre Kontakte, weil sie ihnen von Nutzen sind. Aber wer kann da schon widerstehen?

Löwe-Frauen haben ein spezielles Problem: Im Team fallen sie durch ihr dominantes Gehabe bisweilen unangenehm auf. Sie wollen das Rudel anführen, das Szepter schwingen und die anderen dominieren. Sie sehen in ihnen quasi die Untertanen. Auch heute noch – bei aller Emanzipation und Gleichberechtigung – gesteht man dieses Gehabe Männern eher zu. Frauen werden da häufig abgelehnt und bekämpft. Dabei sind Löwe-Frauen gute Geschäftsfrauen, selbständig, fleißig, erfolgreich.

Alles in allem: Löwen lieben den Glamour, Gold ist ihr Lebenselixier, dementsprechend viel haben sie davon in ihrer Wohnung und um das Handgelenk. Sie sind auch Sonnenanbeter und liegen gern in warmen Regionen am Strand. Sie unternehmen einiges, um ihre gute Figur nicht zu verlieren. Sie sind im fortgeschrittenen Alter gern gesehene Gäste der Wellness- und Schönheitstempel. Für ihre ewige Jugend geben Löwen viel Geld aus, Freunde des „Alterns in Würde" sind sie nicht.

Typische Löwe-Geborene

Der britische Songwriter und exzentrische Bandsänger der Rock-Gruppe „Rolling Stones" **Mick Jagger** (geboren am 26. Juli 1943 in Dartford, Kent, England) ist exemplarischer Löwe: Dafür stehen seine Exzentrik, seine Frauengeschichten, seine Drogenexzesse. Alles im Superlativ.

Jackie Kennedy (geboren am 28. Juli 1929 in Southampton, Long Island, New York) war eine sehr elegante Löwin. Ihr guter Kleidergeschmack hat eine ganze Epoche inspiriert. Sie trug vorwiegend französische Mode, und ihr Mann hat ihr als Präsident der Vereinigten Staaten von Amerika die Bühne für ihre weltweit Aufsehen erregenden Auftritte geboten.

Der legendäre britische Regisseur **Alfred Hitchcock** (geboren am 13. August 1899 in Leytonstone, England) war Löwe. Er liebte bekanntlich Blut auf der Leinwand, Ketchup auf Pommes frites verachtete er aber als einzige Beleidigung des Gaumens.

Barack Hussein Obama (geboren am 4. August 1961 in Honolulu, Hawaii), seit dem 20. Januar 2009 der 44. Präsident der Vereinigten Staaten, hat genau jene Eigenschaften, die einen Löwen auszeichnen. Der Sohn einer US-Amerikanerin und eines Kenianers hat es mit seinem Charme und seiner Überzeugungskraft geschafft, der erste Afroamerikaner in diesem Amt zu werden.

Der Löwe als Genießer

Ist der Widder ein Schnapstrinker, muss es für den Löwen Champagner sein. Viele der Löwen, die es sich leisten können, haben schon einmal in ihrem Leben die französischen Weingüter und Champagnerschlösser besucht.

Das Menü des Löwen ist mit größter Raffinesse zubereitet. Schon die Vorspeisen sind überaus dekorativ, denn der Löwe isst auch mit den Augen: Es können Lachs, Scampi, Austern und andere Meeresfrüchte sein.

Als Hauptspeise passen ein Hummergericht, alternativ Langusten oder außergewöhnliche Fischgerichte in Champagnersauce. Er liebt die fein dekorierte französische Küche von Paul Bocuse wie Lamm rosa gebraten, aber auch Steak medium oder außergewöhnliche italienische Spezialitäten.

Bei vielen Löwen ist heute schon der Hang zur vegetarischen Kost zu bemerken, die zwar nicht so sehr in ihr Genuss-Schema, aber zu ihrem Gesundheitsbewusstsein passt. Der Löwe interessiert sich auch für die asiatische Küche mit Reis und für arabische Fleischtöpfe mit Lamm. Auch für eine würzige, provenzalische Bouillabaisse wird er sich begeistern können. Er isst meist nicht so deftig wie vergleichsweise der Stier, denn sein empfindlichstes Organ ist das Herz. Er muss

noch mehr als der Stier auf sein Gewicht achten, weshalb er bewusst die feineren Gerichte wählt.

Als Nachspeise: Eiskombinationen mit Früchten und Obers. Bei den Mehlspeisen ist der Löwe zurückhaltend, er legt Wert auf eine gute Figur. Zur Nachspeise wird der Löwe frischen, exotischen Früchten vor Süßspeisen den Vorzug geben.
Hat er gut und reichhaltig getafelt, dann kann er durchaus danach auch Tage des Verzichts einlegen, zumindest theoretisch. Nachts schleicht er dann nämlich wie eine Wildkatze durch die Wohnung, um im Kühlschrank Beute zu schlagen – Schinken, Wurst, Käse.

Mit dem Löwen im Restaurant

Es gibt kein Sternzeichen im Tierkreis, das so erstklassige Feinschmeckertempel aufsucht wie der Löwe. Sich zu präsentieren gibt seinem Leben offenbar Sinn. Kann sein, dass die prächtigen Löwen mit ihrer zum Protzigen neigenden Inszenierung anderen auf die Nerven gehen. Aber es hilft nichts: Den roten Teppich muss man dem Löwen überlassen.

Löwe-Männer führen ihre Gäste gern großzügig in den feinsten Gourmet-Tempel der Stadt. Die rechte Spalte der Speisekarte spielt keine Rolle, sie wird nicht einmal wahrgenommen. Er hat die Spendierhosen an, gern lädt er immer wieder große Tischgesellschaften ein. Löwe-Geborene sind Society-Löwen und Society-Löwinnen, sie wollen im Zentrum der angesagten Gesellschaft stehen.

Einem Löwen darf man sich nicht hastig und hektisch nähern. Mit ihm speisen wird zur Zeremonie, denn er genießt und konzentriert sich auf das, was er zu sich nimmt.

Der Löwe als Gastgeber

Der Löwe ist ein vorzüglicher Gastgeber. Selbst wenn er knapp bei Kasse ist, kaschiert er dies nach außen mit großem Tamtam. Es ist zu befürchten, dass er lieber auf seinem Konto noch tiefer ins Minus geht, als auf seinen beeindruckenden Aufwand zu verzichten. Lädt der Löwe ein, legt er es darauf an, alle zu beeindrucken. Das bedeutet: Auf einer edel dekorierten Tafel finden sich edles Tafelgeschirr, Silberbesteck, glitzernde Kristallgläser in allen Größen, funkelnde Kerzenleuchter. Der vorzüglichste Champagner wird geboten, der teuerste Wein eingekühlt, ein mehrgängiges Menü ist in Vorbereitung, hier herrschen die Superlative. Der Löwe erwartet, dass Gastgeschenke mitgebracht werden, das gehört sich für ihn. Ist die Gästeschar groß, wird der Löwe Personal zum Servieren anheuern. Muss er einmal den Catering-Service bemühen, dann wird er vom Feinsten sein. Doch meist ist es die bezaubernde Löwe-Frau, die in der Küche die Speisen bereitet. Aber selbst dann wird sie in einem wunderbaren Kleid strahlend vor ihren Gästen stehen.

Die Löwe-Küche hat selbstverständlich eine gediegene Markenküche im neuesten Trend und die modernsten Geräte, der Kühlschrank hat XL-Dimensionen.

Der Löwe als Gast

Den Löwen würde ein tolles asiatisches Reisgericht mit einer Vielfalt von Beilagen begeistern. Am besten auf einem Tisch mit einem Drehteil in der Mitte, auf dem die vielfältigsten, vielfarbigsten Beilagen stehen. Der Löwe wird immer ein prachtvolles Gastgeschenk mitbringen, einen exotischen Blumenstrauß, eine ausgewählte Wein- oder Champagnerflasche, die edelste Zigarre, den besten Kaviar, die feinste Gänseleberpastete. Das ist er schon sich selbst schuldig.

Die Tischgespräche des Löwen handeln vorwiegend von den Geschäften, die man in Dubai oder in New York tätigt oder tätigen könnte. Aber auch von Besuchen in diversen Kultur-Tempeln und von den letzten Golf-Turnieren wird geschwärmt. Löwen sind unterhaltsame Gastgeber, sie sind aber auch für Lob und Anerkennung empfänglich. Komplimente erwartet sich der Löwe in jedem Fall.

Die lukullischen Favoriten des Löwen

(Rezepte siehe Seite 74)

- Der Löwe liebt alles Exquisite – auch bei Tisch mag er das Großzügige, Opulente, möglichst aufwendig Zubereitete.

- Als Aperitif: Da sollte es doch wenigstens ein Glas **Champagner** sein!

- Vorspeisen sollten möglichst aus den Meeren stammen: **Austern, Fischpasteten, Scampi** – und all das besonders aufwendig dekoriert.

- Als Hauptspeise vor allem edle **Fleischgerichte,** es darf auch vegetarisch sein – Hauptsache gesund zubereitet.

- Der Löwe schaut auf seine Figur, deshalb dürfen die Nachspeisen nicht zu üppig ausfallen – mit einer einzigen Ausnahme: Gefrorenes!

WIE DER LÖWE DIE ANDEREN STERNZEICHEN EINKOCHT

Wie der Löwe die Feuerzeichen Widder, Löwe und Schütze einkocht

Löwe & Widder

Astrologisch gesehen sind beide vom gleichen Feuer der Leidenschaft beseelt, besonders dann, wenn sie ihre Dynamik auf das gleiche Ziel richten. Für den Löwen könnte manche Unternehmung des Widders zu wenig fein, zu oberflächlich sein, denn der Löwe liebt die aufwendige Repräsentation. Auch will der Löwe, ebenso wie der Widder, in Gesellschaft gern die erste Geige spielen. Das könnte zu Rivalitäten führen.

Führt der Löwe den Widder aus, darf der Widder keinesfalls underdressed erscheinen. Der Widder lässt sich auch gern vom Löwen verwöhnen und in ein kostspieligeres Ambiente entführen. Erscheint der Widder in seiner gewohnten Art sportlich leger, wird sich aber mitunter auch der Löwe anpassen.

Den Widder sollte man bei gesetztem Abendessen nicht so in der Sitzordnung platzieren, dass er sich nicht mehr bewegen kann, er möchte jederzeit aufstehen und umher gehen können. Er tankt frische Luft auf der Terrasse, auf dem Balkon oder dreht schnell eine Runde mit dem Hund des Gastgebers.

Wenn es darum geht, sich die Nächte um die Ohren zu schlagen, werden Löwe und Widder es liebend gern gemeinsam tun. Denn besonders hell lodert beider Leidenschaft auf, wenn es gilt, Feste der Sinne zu zelebrieren. Die Partnerschaft Löwe & Widder ist aufregend, abenteuerlich, keinesfalls langweilig. Geschäftlich wie auch privat.

Beim Löwen kann es als Vorspeise ein Hummer-Cocktail oder eine Scampi-Schale sein, der Widder wird eher ein Carpaccio in Olivenöl auf Ruccola mit Parmesan vorziehen. Oder eine französische Gänseleberpastete. Für den Widder darf es ein gutes Steak, möglichst englisch, sein oder ein Chateaubriand-Roastbeef, das in der Kruste gebraten wird. Ausführliche Rezepte für den Widder finden Sie im Genussband WIDDER.

Beide Sternzeichen flirten gern, die Flamme der Eroberung lodert immerzu. Sollte es das eine oder andere Mal zu kleinen Romanzen oder auch leidenschaftlichen Affären nebenbei kommen, so sind beide Sternzeichen auch Meister im Verzeihen. (Obwohl ein Grundsatz zu beherzigen ist: Einen Seitensprung sollte man dem Partner nicht unbedingt eingestehen!)

Der Löwe ist ein großzügiger Geselle, er geht gern auf Konfrontation, liebt aber auch die Versöhnung. Der Widder ist hier oftmals gnadenloser, da kann der Löwe helfen, die zerstörerischen Triebe des Widders zu mildern.

Löwe & Löwe

Ausgehend von ihrem gesellschaftlichen Grundinteresse, haben sie die gleichen Neigungen und die gleichen Wünsche. Sie wollen sehen und gesehen werden. Sie müssten sich also gut ergänzen. Dennoch können sie einander ganz schön in die Löwenmähne geraten, wenn es darum geht, der Stärkere zu sein. Denn es kann nur einer das Alphatier sein und nicht immer unterwirft sich automatisch die Löwe-Frau.

Sie sind ein attraktives Paar, beide legen auf äußere Erscheinung großen Wert, beide lieben und suchen den großen Auftritt, möglichst im Scheinwerferlicht. Keiner will ein Schattendasein führen, auch Löwe-Frauen wollen ihren imponierenden Löwe-Männern im Rampenlicht um nichts nachstehen. Löwen leben gern in der Stadt, wollen im pulsierenden Geschehen mitmischen, sie gehen gern einkaufen.

Auf der erotischen Ebene ergänzen die beiden Löwen einander ausgezeichnet, auch im Lebens- und Tafelgenuss. Ihre Geschmacksrichtungen liegen eng beisammen, sie gehen gern aus, genießen aber auch ihr schönes Heim, stehen mit Vorliebe gemeinsam in der Küche, laden Gäste ein.

Bei einem Löwe-Mann geht es der Partnerin gut: Er verwöhnt sie mit kleinen Geschenken und Aufmerksamkeiten. Löwen denken nicht nur an sich, weder sie noch er.

Eifersüchtig ist der Löwe allerdings schon, und er lässt sich im Übrigen ungern etwas wegnehmen.

Sind zwei Löwen zu einer Party eingeladen, können sie erdrückend wirken, denn sie drängen alle anderen in die Statistenrolle. Hier ergeht es den übrigen Gästen unter Umständen so wie den Kindern von Löwe-Eltern, die oftmals von ihnen erdrückt werden – die Erwachsenen wollen stets selbst in der ersten Reihe stehen und unternehmen nichts, ihren Kindern den Vortritt zu lassen. Das Schicksal von Kindern, die im Schatten mächtiger, berühmter Eltern aufwachsen, ist bekannt. Sie verkümmern nicht selten.

Die Löwe-Frau ist eine gute Mutter, was für ihren Löwe-Mann eine Selbstverständlichkeit ist. Doch sie lässt sich nicht zum Hausmütterchen degradieren. Wenn die Löwe-Frau will, macht sie Karriere, sie lässt sich nicht einengen. Sie geht mit Freundinnen aus, während er zu Hause die Kinder hütet – was für beide kein Problem bedeutet. Freilich wird er einen Segeltörn mit Freunden unternehmen, während sie sich auf Wellness-Urlaub begibt. Auch das ist kein Anlass für Ehekrach, Missverständnisse und Kränkungen. Löwen haben tradierte Rollen über Bord geworfen, sie leben großzügig nach ihren individuellen Vorstellungen. Sie gehören nicht zu den konservativen Sternzeichen. Sie sind dem Kampf ums Überleben gewachsen, und durch ihr Erfolgsstreben tüchtige, strebsame Menschen, die Großes leisten.

Löwe & Schütze

Beide sind Machtmenschen, beide fühlen sich zum Herrschen geboren. Der Löwe kann mit seinen hohen Ansprüchen dem schlichteren Schützen auf die Nerven fallen. Und der Löwe erhält vom Schützen zu wenig Anerkennung, weil er solche Lappalien nicht für notwendig hält. Er braucht selber keine. In einer Partnerschaft fühlt sich der familienfreundliche Löwe vom Schützen oft alleingelassen, weil der kommt und geht, wie es ihm passt.

Löwen und Schützen sind ein schwieriges Gespann: Diese Paarung kann nur funktionieren, wenn der Löwe die übergroße Toleranz aufbringt, den Schützen nicht an die Kandare zu nehmen. Mit Zwängen und Geboten vermag man den Schützen nicht an die Leine zu legen. Der Löwe hingegen hätte es gern mehr nach Etikette, er will auch nach außen hin den guten Schein wahren.

Der Schütze neigt zu ungezwungenem Leben, er kann sich in der Blockhütte oder auf dem Bauernhof, umgeben von Tieren, wohl fühlen. Das behagt dem Löwen überhaupt nicht. Der Schütze ist keiner, der gern lang in einem Lokal sitzen bleibt, die Society ist nicht sein Revier. Vielleicht dass ihm das längere Sitzen beim Heurigen oder auf einer Skihütte gelingt. Aber in einen lukullischen Tempel, noch dazu, wenn er verraucht ist, bringt man den lufthungrigen Schützen nur sehr schwer hinein.

Der Schütze ist ein sehr direkter Geselle, er nennt die Dinge beim Namen, nimmt sich kein Blatt vor den Mund. Diese Offenheit kann auf andere verletzend wirken. Deshalb leben Schützen gern als Single oder in Beziehungen ohne Trauschein. Sie haben kein großes Talent für die Führung des Haushalts. Sie sind keine Magier der Kochtöpfe, sie essen schnell irgendetwas in sich hinein, auch Fastfood und Fertiggerichte. Sie sind eher gute Kameraden, gute Freizeitpartner, aber nicht diese hingebenden Familienmenschen, wie der Löwe sich das wünscht.

Schützen bevorzugen die einfache Küche, auch in der Ausstattung der Wohnung fallen sie weit hinter den Repräsentationsansprüchen des Löwen zurück. Er hat auch überhaupt kein Verständnis für die Shoppinglust des Löwen. Mit einem Schützen kann man kaum lustbetont einkaufen gehen.

Schützen reisen gern, aber auf die einfache Art. Fernab aller Luxus- und Wellnesshotels, fernab von Metropolen. Er liebt es, mit dem Rucksack zu trampen. Mit diesem Naturburschentum tut sich der Löwe schwer. Denn nur ausnahmsweise begeben sich Schützen auch mal in den Glanz, der den Löwen umgibt. Oft aber täuschen sie nur etwas vor, was nicht zu ihnen passt.

Die Löwe-Frau möchte einen Partner, der sie großzügig verwöhnt. Da ist der Schütze der Falsche. Sie reisen beide gern, aber der Schütze will keine Zwänge und keine Regeln, er ist der absolute Freigeist. Der Löwe hingegen möchte es sich in den besten Hotels gut gehen lassen.

Die Schütze-Frau wird den Löwe-Mann auf seine schönen Geschäfts- und Urlaubsreisen zwar gern begleiten, aber als seine Partnerin in der Küche stehen und für seine Geschäftsfreunde repräsentativ aufkochen, das will sie nicht. Da wird er sich um ein Catering umsehen müssen.

Schützen und Löwen passen auch im Hinblick auf den Speisezettel nicht unbedingt zusammen. Schützen sind keine üppigen Esser. Alles, was dem Löwen schmeckt, ist dem Schützen zu zeitaufwendig, zu übertrieben, zu dekorativ. Schützen lieben Fischgerichte, Bio-Kost und vegetarische Speisen. Schon weil sie Tierschützer sind, wollen sie Bruder Schwein und Schwester Henne nicht auf dem Teller sehen. Ausführliche Rezepte für den Schützen finden Sie im Genussband SCHÜTZE.

Dem Schützen fehlt ein ausgeprägter Familiensinn, er liebt das Herumstreifen durch Flur und Feld. Hat er Kinder, so erzieht er sie von früh an zu großer Selbständigkeit. Schützen geben ihre Kinder auch gern in Vereinen ab, wo sie aktiv Sport treiben und mit Gleichaltrigen viel in der Natur beisammen sind. Auch sie selbst treffen sich viel mit Freunden und Freundinnen und kommen heim, wann es ihnen beliebt.

Diese „unkultivierten" Eigenschaften sind für den Löwen Tortur. Besser, die beiden Tierkreiszeichen bleiben Freunde und gehen keine eheliche Bindung ein. Auch als Geschäftspartner ist der Schütze zu sprunghaft und schlitzohrig. Er lässt die anderen gern für sich arbeiten. Zielstrebiger, ausdauernder und konstanter ist der Löwe. Diese Partnerschaft ist nur mit vielen Vorbehalten anzuraten.

Wie der Löwe die Erdzeichen Stier, Jungfrau und Steinbock einkocht

Löwe & Stier

Ein echter Stier und ein echter Löwe sind einander vollkommen ebenbürtig in ihrer Stellung in der Gesellschaft, in ihrer monetären Potenz und ihrem Bedürfnis nach einem Leben in Sicherheit und Wohlstand. Bei gehobenem Lebensstandard kann der Stier sich durchaus mit dem Löwen messen. Beide lieben große Einladungen und ausgesuchte Restaurants, am liebsten noch mit ausgelegtem rotem Teppich. Sowohl dem Stier wie auch dem Löwen ist für seine Familie und für seine Gäste das Beste gerade gut genug. Der Löwe will großartig hofiert und empfangen werden. Jede Einladung will zelebriert sein.

Der Stier, obwohl selber gern die Nummer eins, lässt den eitlen Löwen durchaus in gutem Licht dastehen. Er wird ihm nichts von seinem Glanz nehmen. Jedenfalls nicht beim Gastmahl. Sie sind keine Rivalen. Für den Stier liegt die größte Genugtuung im Glanz der Augen der Gäste. Wenn diese ihm gestehen, sich rundum wohl zu fühlen, sieht er darin die größte Auszeichnung. Da der Löwe nie mit Komplimenten spart, wird der Stier ihn immer wieder gern zu sich einladen.

Treffen ein Stier-Mann und eine Löwe-Frau aufeinander, wird er ihrem Hang zum schnellen Geldausgeben vernünftige Grenzen setzen. Er liebt den Wohlstand, ist großzügig und verwöhnt seine Lieben gern mit schönen Geschenken, jedoch wirft er sein Geld nicht zum Fenster hinaus. Der Stier ist ein Vernunftmensch. Löwen hasardieren, Stiere nicht. Löwen können sich schwer unterordnen im Team, für den Stier ist das kein Problem. Der Löwe strebt immer nach der Macht und der Führungsposition, der Stier kann auch im Team arbeiten.

Der Stier verträgt deftige Kost besser als der Löwe. Er ist weniger eitel als der Löwe und wird deshalb auch weniger auf sein Gewicht achten, obwohl auch er auf Herz und Kreislauf Bedacht nehmen sollte.

Was liebt der Stier? Als Vorspeise kann es die leckere Haussulz sein oder, um dem Löwen Freude zu bereiten, auch der Krabbencocktail in Mayonnaise. Als Hauptspeise liebt der Stier die dicken Saucen und fetten Braten, Rindsbraten, Rehrücken, Schweinshaxe, Wild mit ordentlich vielen Semmelknödeln. Auch für eine würzige, provenzalische Bouillabaisse wird er sich begeistern können. Bei den Mehlspeisen ist der Stier wenig zurückhaltend, Torten mit Schlagobers sind nach seinem Geschmack. Obwohl der Löwe bei den Süßspeisen weniger zuschlägt, wird er den Genuss des Stiers darin nicht einschränken. Ausführliche Rezepte für den Stier finden sich im Genussband STIER.

Löwe & Jungfrau

Auf der einen Seite der impulsive Löwe, der, wenn er seine Beute im Visier hat, auf Eroberung aus ist und gerne buhlt. Auf der anderen Seite die vorsichtige, abwägende Jungfrau, die erst lang prüft und analysiert, ehe sie aus sich heraus geht. Kann dies gut gehen? Freilich, es wird ihr schon imponieren, wenn der Löwe sie in das nobelste Feinschmeckerlokal der Stadt einlädt. Aber sie begnügt sich nicht mit dem schönen Schein, sie wird den Blick dahinter werfen und prüfen, wie viel davon echt ist. Sie überlegt jeden Schritt, geht kein Risiko ein. Sie ist nur schwer zu täuschen.

Der von Leidenschaft, Eroberungsstolz und Prahlsucht geleitete Löwe zeigt sich galant und großzügig. Oft nur zu dem Zweck, seinem Ego noch mehr Aufmerksamkeit zu verleihen. Dafür wird die Jungfrau kaum Verständnis aufbringen. Sie ist hier weit realistischer und sorgfältiger im Umgang mit Finanzen. Oft wird ihr diese extreme Sparsamkeit auch als Kleinkariertheit angelastet. Das stimmt allerdings so nicht. Auch ihr kann ein großzügiges, luxuriöses Gastmahl in einem großartigen Restaurant durchaus gefallen, wenn es nur auf einem seriösen finanziellen Fundament fußt. Aber wenn sie erkennt, dass der Löwe nur blufft und mit Geld um sich wirft, das er gar nicht besitzt, wird ihr angst und bange.

Ist dies nicht der Fall, werden die beiden sich miteinander wohlfühlen können. Sie kann den großzügigen Löwen dorthin lenken, wohin sie will. Der Löwe gibt ihr den Mut zu dem, was sie sich selbst nicht zutraut. Von seiner Leichtigkeit und Großzügigkeit kann sie lernen.

Auch Jungfrauen können Luxusgeschöpfe sein, sie tendieren zu klassisch eleganter, teurer Mode, die lange hält und nicht durch jedes neue Modelüftchen hinweg gefegt wird. Der Löwe folgt hier modischen Trends viel unkritischer.

Beide lieben eine gepflegte, repräsentative Wohnung, beide sind gern auf Reisen. Die Jungfrau allerdings nur, wenn sie es sich leisten kann. Der Löwe kann, weil er gern mit Kreditkarten zahlt, schon mal den Überblick verlieren. Zu sehr bremsen darf die Jungfrau den Löwen nicht, sie darf ihn nicht seiner Krone und seines Glanzes berauben. Ihr müsste es – als ausgewiesenem Kopfmenschen – gelingen, zu merken, wie weit sie gehen darf.

Sollten die beiden ein Paar werden, wird die weibliche Jungfrau Finanzministerin sein und den Löwe-Mann bei manchem Höhenflug einbremsen.

Auf der gesellschaftlichen Ebene funktioniert diese Partnerschaft gut. Die Jungfrau ist eine wunderbare Gastgeberin, sie pflegt den gesellschaftlichen Rahmen, der auch dem Löwen gefällt. Sie kocht gern und gut und ist so weit flexibel, dass sie sich dem Geschmack des

Löwen anpasst. Sie wird versuchen, den Löwe-Mann in Richtung gesunde Ernährung zu lenken, schon aus Gründen der Vorsorge für sein gefährdetes Herz- und Kreislaufsystem und seinen angegriffenen Bewegungsapparat. Sie wird ihn einzubremsen versuchen beim Genuss von Alkohol, sie könnte ganz generell für den leichtsinnigen Löwen ein verständnisvoller, vernünftiger Ausgleich sein und viel zu seinem Wohlbefinden beitragen.

Die Jungfrau ist wirtschaftlich, kauft gern gesunde Lebensmittel ein, ist sehr ernährungsbewusst. Die Reduzierung von Fleisch wird auch dem Löwen bekommen, ausschließlich Grünzeug darf sie ihm allerdings nicht vorsetzen.

Zu üppig und fett darf es für die Jungfrau nicht sein, schwere Kost würde ihr im Magen liegen. Daher: Leichte Fischgerichte, etwa marinierte Muscheln, mageres Fleisch, leicht gegrillt mit viel Gemüse; ein gut gewürztes Huhn, Gemüseaufläufe; mild gewürzte italienische Pastagerichte. Ausführliche Rezepte für die Jungfrau finden Sie im Genussband JUNGFRAU.

Jungfrau-Männer sind fleißig, wirtschaftlich bedacht und sparsam, sie planen bis weit in die Zukunft und überlegen genau, wofür sie ihr Geld ausgeben. Sie kommen mit dem eher großzügigen Lebensstil der Löwe-Frau nur schwer zurecht, das kann ein Problem werden.

Heimchen am Herd ist sie nicht. Schnell fühlt sich die Löwe-Frau eingeengt und beschränkt. Knauserig mit dem Wirtschaftsgeld darf der Jungfrau-Mann allerdings nicht sein.

Das Einzige, was einer Löwe-Frau an einem Jungfrau-Mann imponieren kann, ist die einfache Tatsache, dass er das Geld nach Hause bringt und sie sich wirtschaftlich abgesichert fühlt. In einer Ehe wäre die Löwe-Frau der Motor, der Jungfrau-Mann wird damit rechnen müssen, dass sie Geselligkeit ins Haus bringt. Sie wird als Gastgeberin äußerst spendabel sein, aber sich auch mit großartigen Kochkünsten auszeichnen.

Wenn sich der Löwe auf eine Beziehung einlässt, die mehr von Vernunft regiert wird, kann diese mit einer Jungfrau gut funktionieren. Die spießige Jungfrau müsste es aber aushalten, dass der Löwe gern flirtet. Löwen suchen stets bewundernde Blicke, wozu sie mit ihrer auffallenden Erscheinung beitragen. Eifersüchtig darf die Jungfrau nicht sein, sie muss sich in großzügigem Hinwegsehen üben, sonst sind permanente Spannungen programmiert.

Löwe & Steinbock

Zwei sehr konträre Sternzeichen: Der Löwe liebt seine unabhängige Grandezza, der Steinbock die nüchterne Disziplin. Eine allzu enge Tuchfühlung wird hier zu Komplikationen führen. Natürlich besticht zu Anfang das Selbstbewusste und Weltmännische des Löwen; bis es dem Steinbock zu viel wird.

Der Steinbock ist ein hilfsbereiter, treuer und gefestigter Mensch. Er ist ein ausgewiesener Sparmeister. Er stapelt eher tief, der Löwe zeigt gern, was er hat. Großspurigkeit nervt den Steinbock. Einzig das Erfolgsstreben und die Zielstrebigkeit werden ihm am Löwen imponieren, als wirtschaftliche Partner könnten sie einander gut ergänzen. Der Steinbock wird die finanzielle Seite des Unternehmens gut im Griff haben. Der Löwe kurbelt die Geschäfte an, der Steinbock führt sie penibel zu Ende.

Auch in einer Partnerschaft und Ehe wird der Steinbock für die wirtschaftlich gesunde Basis sorgen. Auch er strebt Wohlstand und eine gepflegte Lebensart an. Doch der Steinbock will sich von der Masse absondern, er geht individuelle Wege.

Er ist seinen Kindern gegenüber sehr verantwortungsvoll. Für seine Familie arbeitet er zäh und fleißig, sein Auftritt ist ordentlich, eher konservativ, er sucht kein Markendesign, schnelles Geldausgeben gefällt ihm nicht.

Löwe und Steinbock leben also in gewissem Maße in verschiedenen Welten. Der Steinbock kann im Unterschied zum Löwen asketisch und zurückhaltend sein, karg und diszipliniert. Er ist kein Partylöwe, der sich die Nächte um die Ohren schlägt. Gesellschaftlichem Trubel weicht er eher aus.

Steinböcke sind nicht übermäßig sportlich, aber auch sie halten sich gern in der Natur auf. Der Steinbock ist häuslich und ordentlich, er kocht gern und liebt schöne, gediegene Tischkultur.

Die Verbindung Löwe-Mann und Steinbock-Frau kann sich noch etwas besser austarieren: Sie verwaltet das Wirtschaftsgeld oder das Firmenvermögen. Ihm imponiert, mit wie wenig Geld sie auskommen kann.

Steinbock-Mann und Löwe-Frau haben es da schon schwieriger, da er für die schönen Seiten des Lebens nicht viel übrig hat. Die Löwe-Frau fühlt sich zu kurz gehalten. Er will ein harmonisch funktionierendes Familienleben und schätzt es nicht, wenn seine Löwe-Frau zum Beispiel mit ihren Freundinnen allein auf Urlaub fährt. Das geht mit dem Steinbock nur schlecht. Steinböcke sind Einzelgänger mit wenigen, aber echten und dauerhaften Freunden. Dem Löwen gefällt das schnelle Kommen und Gehen, er hält sich viel in der oberflächlichen Bussi-Gesellschaft auf.

Die Anspruchslosigkeit des Steinbocks drückt sich auch in seiner Vorliebe für normale Hausmannskost aus, die dem Löwen eindeutig zu banal ist. Der Steinbock ist mit einem knusprigen Backhendl mit Kartoffelsalat zufrieden, mit guten Wild-Gerichten und Rindsrouladen. Fisch goutiert er weniger. In heimatlicher Erde geerntetes Gemüse ist ganz nach seinem Geschmack. Der Löwe wird da mit seinem Gusto auf Hummer, Krabben, Muscheln, Austern, nicht wirklich dazupassen. Ausführliche Rezepte für den Steinbock finden Sie im Genussband STEINBOCK.

Der Steinbock ist sparsam, er nutzt günstige Angebote, ist wenig anspruchsvoll. Auf Reisen sucht er nicht lange herum, sondern probiert alles aus, was ihm vorgesetzt wird. Ob der Löwe die Disziplin und Sparsamkeit des Steinbocks verträgt? Er möchte doch dauernd über die Schnur hauen, fühlt sich zu sehr unter Druck gesetzt. Hinzu kommt, dass der nüchterne Steinbock dem Löwen gefühlsarm, kühl, wenig anschmiegsam erscheint. Zwei Tierkreiszeichen, die sich nicht leicht finden.

Wie der Löwe die Luftzeichen Zwillinge, Waage und Wassermann einkocht

Prinzipiell ergänzen einander Feuer- und Luftzeichen sehr gut, sie wirken aufeinander belebend. Beide zeichnen sich durch eine großzügige Lebensart aus.

Löwe & Zwillinge

Zwillinge sehen sich gern in der Welt um, haben aber keine Jagd- oder Besitzambitionen, wogegen der Löwe zu seiner Selbstbestätigung immer wieder das Erlebnis braucht, eine Beute souverän für sich beanspruchen zu können. Die Zwillinge planen und diskutieren, der Löwe schreitet zur Tat. Aus diesen feinen Differenzen ergibt sich seltsamerweise eine starke gegenseitige Sympathie.

Ausgehen und Genießen ist für beide interessant. In der Spontaneität und der Begabung, aus dem Nichts etwas Fröhliches, Geselliges zu machen, stimmen die beiden gut überein. Sie sind zwei absolut lustige Kumpane, stets bereit, groß zu feiern. Haben die Zwillinge eine Idee zu einer schrägen Party, lässt sich der Löwe leicht davon begeistern, vorausgesetzt, dort sind interessante Menschen zu treffen. Auf Reisen ergänzen sie einander sehr gut. Der Zwillinge-Geborene nimmt mit seiner heiteren Art das Imponiergehabe des Löwen eher locker.

Bei ihren Einladungen achten Zwillinge ganz besonders darauf, dass sich unter ihren Gästen keine Langeweiler befinden. Sie überlassen dem Löwen gern den Vorrang, sehen zu, dass dieser am glamourösesten Platz zu sitzen kommt, von dem aus er alles übersieht und von dem aus ihn alle gut hören. Während den Löwen edle Tischdekorationen, schönes Geschirr, Gläser, Tafelbesteck faszinieren, werden die Zwillinge nicht unbedingt die Tafel in die glanzvollste Form bringen – doch sie machen das mit ihrer Originalität wieder wett. Die Zwillinge vermögen es als Gastgeber, sowohl eine unterhaltsame Runde als auch ein abwechslungsreiches Menü zu bieten. Und sie kaufen gern auf Märkten und Bauernhöfen ein, während der Löwe den Gourmetladen bevorzugt. Für die Zwillinge müsste es nicht die teuerste Weinmarke sein, aber wenn der Löwe der Gastgeber ist, wird er sich spielend den Vorlieben der Zwillinge anpassen. Beiden aber geht es in erster Linie darum, anregende Gespräche zu führen.

Für die Zwillinge muss es nicht immer Fleisch sein – sie lieben viel frisches Obst, Gemüse, naturbelassene Salate. Viele Zwillinge sind Vegetarier. Deshalb finden sie auch großen Gefallen an der asiatischen Küche: Reistafeln, Meeresfrüchte, Salate, Obstteller. Sie lieben die leichte und schnelle Küche: Nudelgerichte, Fische, Scampi. Und sie freuen sich über ein ungezwungenes Picknick: Daheim Gekochtes wird im Korb und in der Kühltasche mitgenommen. Das kann ein kalter Schweinsbraten sein. Lieber aber als fettes Fleisch haben sie im Picknickkorb Käse, rohes Gemüse, Obst. Ausführliche Rezepte für die Zwillinge finden Sie im Genussband ZWILLINGE.

Auch wenn der Löwe und die Zwillinge in eine hitzige Debatte geraten, schmälert das nicht ihr Vergnügen aneinander. Sie sind nicht nachtragend und versöhnen sich schnell. Sie sind gute Geschäftspartner, wobei der Zwillinge-Geborene vielleicht der noch schnellere, klügere, ideenreichere, wendigere im Erkennen von Möglichkeiten ist.

Zwillinge und Löwe bilden eine gute Partnerschaft, entweder fürs Leben oder auch geschäftlich. Der Löwe ist vom Lebenshunger der Zwillinge fasziniert. Die Zwillinge sind die Schmetterlinge des Tierkreiszeichens, das Bunte, das Vielseitige. Der Löwe will bei der Großzügigkeit der Lebensführung durchaus dabei sein.

Wenn Zwillinge-Mann und Löwe-Frau gemeinsam eine Party schmeißen, wird diese jedenfalls gelingen. Die Löwe-Frau wird dekorieren und für den Glanz sorgen, der Zwillinge-Mann die Gäste ebenso glänzend unterhalten. Sie werden einander als Gastgeber bestens ergänzen.

Dieses gute Einvernehmen trifft durchaus auch auf den Geschmack bei Speisen und Getränken zu. Sie haben beide die Toleranz, dem anderen das Seine zu lassen. Dissonanzen sind schnell wieder verklungen, beide sind nicht nachtragend.

Löwe & Waage

Wenn Waage und Löwe Freundschaft schließen, hängt der Himmel voller Geigen. Diese beiden verstehen es ausgezeichnet, unbeschwerten Lebensgenuss mit Luxus und Komfort zu verbinden und pflegen die Feste zu feiern, wie sie fallen. Die Waage ist aus mehreren Gründen die passende Ergänzung zum Löwen, denn sie braucht jemanden, der sie beschützt. Sie ist ein Ästhet genauso wie der Löwe. In ihrer angeborenen Entschlusslosigkeit sucht sie in gewisser Weise die Führung. Und der Löwe lässt der Waage den nötigen Freiraum, den sie benötigt. Er entscheidet viel, nimmt ihr viel ab. Er ist ein aufmerksamer Partner. Er berät sie beim Einkaufen, sie überlässt ihm die Entscheidung sogar bis hin zur Auswahl ihrer Garderobe.

Beide gehen oft aus, sie lieben gesellschaftliche und kulturelle Veranstaltungen. Was sehr wichtig ist: Die Waage überlässt dem Löwen den prunkvollen Vor- und Auftritt. Auch bei der Gestaltung des Heims ist die Waage die ideale Ergänzung für den Löwen, beide verbindet ein übereinstimmender Geschmack.

Die Waage stellt sich oftmals in die Küche und probiert etwas Neues aus, um ihre Lieben zu verwöhnen. Sie sorgt hervorragend für ihre Kinder, muss aber aufpassen, sie nicht mit zu viel Süßem zwischendurch zu verwöhnen. Waagen gehen gern ins Café oder in die Konditorei, sie sind große Naschkatzen.

Was die Gaumenfreuden anlangt, so legen Waage wie Löwe Wert auf eine gepflegte Küche, wenn auch die Waage bei der Auswahl der Lokale etwas bescheidener ist als der Löwe. Denn für sie muss es nicht immer Hummer, Lachs und Kaviar sein. Sie gibt sich durchaus mit schmackhafter Hausmannskost zufrieden. Auch die französische Küche mundet ihr.

Nicht so sehr mag sie Gegrilltes und andere deftige Fleischgerichte. Aber Mehlspeisen und süße Desserts sind für sie ein Muss: alle Arten von Kuchen und cremigen Torten mit Schlagobers. Neben Champagner liebt sie süße Cocktails, aber auch ein gutes Glas Wein. Ausführliche Rezepte für die Waage finden sich im Genussband WAAGE.

Es gibt kleine, aber wesentliche Unterschiede: Löwe-Mann und Waage-Frau sind eine deutlich bessere Paarung als Löwe-Frau und Waage-Mann: Waage-Männer gehen Konflikten, die der kampfeslustige Löwe sucht, eher aus dem Weg. Der Löwe sucht die Diskussion, die Konfrontation, er liebt das geistige Gefecht. Er will sich messen. Der Waage-Mann trifft ungern Entscheidungen, überlässt sie lieber der Löwe-Frau. Er braucht lang, bis er sich in Fragen der Kindererziehung, der häuslichen Anschaffungen, der Wahl der Berufe, der Wohnortwechsel, der Urlaubsziele festlegen kann. Er überlässt diese Aufgaben gern seiner Partnerin, die sich oft allein gelassen fühlt.

Der Waage-Mann ist anlehnungsbedürftig, was er in einer Beziehung mit einer Löwe-Frau zwar gut ausleben kann, in einer immer noch patriarchalisch geprägten Gesellschaft tut das aber seinem Image nicht gut. Das könnte darüber hinaus zu einer Belastung auf ihrer Seite führen. Der Waage-Mann wird die Löwe-Frau kaum so verwöhnen können, wie sie es möchte. Problematisch wird diese Verbindung dann, wenn die Löwe-Frau in der Rolle des Verantwortungsträgers ihre weibliche Seite zu wenig entfalten kann.

Wenn sich aber die Waage-Frau an den Löwe-Mann anlehnt und ihm die Entscheidungen überlässt, so entspricht dies weit eher den Rollen-Vorstellungen. Löwen achten und respektieren ihre Partner, ihre Großzügigkeit imponiert den Waagen. Waage-Frauen wollen umsorgt und gehegt werden, was der Löwe-Mann gern tut. Sie folgt ihm widerspruchslos in sein kultiviertes und geselliges Luxusleben und wird ihn blendend ergänzen.

Löwe & Wassermann

Hier prallen zwei beinahe inkompatible Sternzeichen aufeinander. Wie Hund und Katz. Der Wassermann ist exzentrisch und will sich in keiner Weise unterordnen. Der Löwe pocht aber auf seine Führungsrolle. Der Wassermann lebt nur für sich, der Löwe will für alle der Fels in der Brandung sein. Der Löwe will leiten, der Wassermann reagiert empfindlich auf jede Art von Einengung und Kontrolle.

Gesellschaftlichen Trubel werden sie beide genießen, sie sind unterhaltsam, anregend und lustig. Als kurzzeitiges Liebespaar, als Freizeitkameraden, auf gemeinsamen Reisen, ja. Jedoch in einer Dauerbeziehung? Wassermänner sind spontan, neugierig, freiheitsliebend, unkonventionell. In Alltags-Regeln kann man sie nicht zwingen.

Wassermann-Geborene lieben alles Pikante und Scharfe. Sein unheilbares Fernweh kann man am besten mit fremdländischer Küche füttern: von Sushi bis Pizza und Pörkölt.

Was sie mit den Löwe-Geborenen teilen, ist ihr Hang zur Nascherei, denn das Süße beruhigt ihre Rastlosigkeit – zwar nur notdürftig aber immerhin. Und sie gehen gern mit dem Löwen auf eine große Portion Eis. Ausführliche Rezepte für den Wassermann finden Sie im Genussband WASSERMANN.

Beim Wassermann herrscht immer ein gewisses Chaos, sie sind weder Ordnungsfanatiker, noch geduldige Köche. Dies gilt auch für die Wassermann-Frauen. Sie sind stets für Überraschungen und Wendungen gut. Was heute ausgemacht ist, gilt morgen nicht mehr. So lustig und unterhaltsam dies sein kann, der Löwe kann da nicht mit.

Wassermänner sind im Allgemeinen wirtschaftlich untalentiert. Dass sie sich nichts schaffen und aufbauen wollen und mit Geld nicht umgehen können, nervt den Löwen. Und für den Wassermann ist eine geregelte Häuslichkeit mit all dem schönen Schein ein Horror.

Nein, auf Dauer ist eine Partnerschaft Löwe & Wassermann für beide doch etwas zu mühsam.

Wie der Löwe die Wasserzeichen Krebs, Skorpion und Fische einkocht

Astrologisch betrachtet vertragen sich die Elemente Wasser und Feuer im Allgemeinen nicht sehr gut. Wasser vermag das Feuer zu löschen, was jedoch nicht bei allen Paarungen der Fall sein muss. Die Feuerzeichen werden sich gebührend dagegen wehren, „ausgelöscht" zu werden. Das kann einander anziehende Gegensätze verursachen.

Löwe & Krebs

Löwe und Krebs haben einige Gemeinsamkeiten, sie sind beide Familienmenschen. Der Löwe kann den Familiensinn des Krebses gut spiegeln, beide lieben die Großfamilie, beide sind Charaktere, die Heim und Häuslichkeit schätzen.

Der großzügige Löwe kann dem Krebs eine Bühne bieten, auf der er sich wohlgefällig entfaltet. Der Krebs lässt sich sehr gern ausführen, der Löwe ist ein galanter Gastgeber und Gesellschafter. Das ersehnte Geborgenheitsgefühl kann der Löwe dem Krebs in gewisser Weise bieten.

Der Gestalter des Abendprogramms ist mit Sicherheit der Society-Löwe, was dem Krebs sehr gefallen wird, denn er braucht sich nur mitreißen zu lassen. Der aufwendige Lebensstil des Löwen wird dem Krebs imponieren. Der Löwe wird die erkennbare Häuslichkeit und die Kochkünste des Krebses schätzen, denn auch der Krebs ist ein geselliger Gastgeber, der gerne nach Hause einlädt.

Löwe-Mann und Krebs-Frau können auf Dauer eine gute Beziehung aufbauen. Sie bewundert das umsorgende Wesen des Löwen, er ist charmant und geizt nicht mit anerkennenden Worten. Ein Krebs hat kein Problem damit, den Löwen als Oberhaupt der Familie anzuerkennen, er lässt ihm meistens den Vorrang. Der Löwe wird dem Krebspartner Gesellschaft, Glanz und den gewissen Hauch von „Savoir-vivre" bieten. Der Krebs wird sich in dieser Obhut glücklich schätzen. Der Gehorsam und Beifall fordernde Löwe wird sich mit dem Krebs, dem es oft an Selbstwertgefühl mangelt, gut ergänzen. Was der Krebs auf keinen Fall darf: dem Löwen das Feurige seines Sternzeichens löschen, dann würde sich der Löwe arg eingeschränkt vorkommen.

Fahren Löwe und Krebs miteinander auf Urlaub, wird dem Krebs das ausgewählte Hotel mit dem Hauch von Luxus gut gefallen. Der Löwe-Mann sucht eine Frau, die sich ihm anpasst und unterordnet, hier kann sich die Krebs-Frau geschickt fügen. Das großmütige Herz des Löwen wird gerührt sein, wenn das schwache Krebslein sich in seinen Schutz begibt. Er wird ihm physisch und auch psychisch gut tun.

Die Löwe-Frau wird es gleichfalls zu schätzen wissen, wenn der fleißige, erfolgreiche Krebs ihr die wirtschaftliche Basis für ihr anspruchsvolles Leben liefert. Sie schätzt die luxuriöse Lebensart, die ihr der Krebs bieten muss.

Zu Auseinandersetzungen könnte es kommen, wenn die Löwe-Frau mit dem Geld allzu verschwenderisch und unvernünftig umgeht. Das sollte der Krebs-Mann wissen, ehe er sich in eine Löwe-Dame verliebt. Der Hang der Löwe-Frau zum Luxus wird dem etwas sparsamen, knauserigen Krebs nicht gefallen. Prinzipiell kann eine Paarbeziehung nur gut gehen, wenn es dem Krebs gelingt, etwas aus sich heraus zu gehen und großzügiger zu werden. Und der Löwe sollte die verlässliche wirtschaftliche Basis des Krebses schätzen lernen.

Zu befürchten ist aber, dass der Löwe sich die einengende Sparmeisterlichkeit des Krebses eine Zeitlang gefallen lässt, dann aber eigene Wege geht. Kein Löwe lässt sich in den noch so gemütlichen vier Wänden des Krebses einsperren. Das kann weder ein Löwe-Mann mit einer Krebs-Frau noch umgekehrt. Da gibt es von Seiten der Löwen Widerstand. Zum Beispiel: Ein Urlaub zu Hause, den der Krebs so liebt, geht dem reiselustigen Löwen gegen den Strich.

Der an sich freundliche, großzügige Löwe wird es vielleicht schaffen, den Krebs aus seiner häuslichen Atmosphäre zu locken. Bringt er sein Begehr mit Liebenswürdigkeit und Charme vor, dann frisst ihm so mancher Krebs aus der Hand. Mit Lob und viel Gefühl lässt sich der Krebs führen. Nur überfallen darf man ihn nicht. Wenn der Löwe sich bemüht, diese Führung nicht allzu dominant zu übernehmen, kann eine Paarbeziehung zwischen diesen beiden Sternzeichen glücklich werden. Es kommt hier vielfach auf den Ton an, wie der Löwe den Krebs dazu bringt, ein wenig aufzumachen und aus sich herauszugehen.

Bei der Auswahl der Reiseziele sind die Interessen von Löwe und Krebs eher gegensätzlich, hier bedarf es der Überredungskunst, der gesamten Diplomatie des Löwen, den Krebs mit auf den Weg zu nehmen. Hinterher wird der Krebs dankbar und glücklich sein, dem Löwen nachgegeben zu haben und Erlebnisse mit ihm teilen zu können, die er sich selbst nicht gegönnt hätte.

Leider sind Löwe- und Krebs-Geborene auch in der Auswahl der Speisen ziemlich konträrer Ansicht. Der Krebs ist mit leichter Hausmannskost zufrieden, geht zwar gern essen und schätzt Lokale mit gemütlicher Atmosphäre, wo er auch ein gutes Glas Wein hebt – doch am liebsten ein preisgünstiges. In der Geschmacksfrage sind die Unstimmigkeiten weniger groß als in der Preisfrage. Dem Löwen ist es egal, was der Abend kostet, er will leben und genießen. Krebse sind bescheidener. Sie lieben alle Arten von Suppen, denn sie haben einen großen Flüssigkeitsbedarf, der gedeckt sein will. Da Krebs-Geborene oftmals einen empfindlichen Magen-Darm-Trakt haben, sollten sie kräftig gewürzte Speisen vermeiden. Geflügel, Fisch, und alles, was im Wasser lebt, erfreut ihren Gaumen. Für sich einnehmen kann man den Krebs, wenn man seiner Liebe zu warmen Süßspeisen, wie Palatschinken, Kaiserschmarrn Rechnung trägt. Ausführliche Rezepte für den Krebs finden Sie im Genussband KREBS.

Auf der erotischen Ebene finden Löwe und Krebs gut zueinander, sie sind beide leidenschaftliche Charaktere. Nur mit dem Verschwiegenen, mit diesem Sich-Verschließen des Krebses kommt der gesellige Löwe schwer zurecht. Der Löwe diskutiert, spricht offen alles an, was ihn bewegt. Löwen brechen von Zeit zu Zeit zwar schnell einen Streit vom Zaun, aber sie versöhnen sich auch bald wieder. Nachtragend ist der Löwe nicht. Bei Krebsen ist die Lage anders: Hat man sie einmal verletzt, vergessen sie es nie. Die Vergangenheit können sie schwer hinter sich lassen.

In der Kindererziehung gibt es ebenfalls kleine Unterschiede. Löwe-Frauen sind in der Regel nicht so übertrieben beschützend veranlagt, sie lassen die Kinder auch ziehen, gönnen ihnen ihre Erfahrungen. Die Krebs-Frau lässt nur schwer los.

Löwe & Skorpion

Hier treffen zwei Extreme aufeinander, der permanente Konkurrenzkampf ist vorprogrammiert. Der Skorpion will Kontrolle, was aber beim Löwen nicht klappen wird. Im günstigsten Fall werden diese leidenschaftlichen Sternzeichen sich auf der erotischen Ebene treffen, aber es sollte bei einer Liebesbeziehung bleiben.

Auf Dauer kann man sich nur schwer vorstellen, wie der Löwe-Mann es aushält, von einer Skorpion-Frau eifersüchtig bewacht zu werden. Auch ihre Rachsucht und Unversöhnlichkeit ist nicht zu unterschätzen. Das macht der Löwe nicht lange mit, doch im Kampf fährt der Skorpion seinen tödlichen Stachel aus. Denn sollte der Skorpion merken, dass die Gefühle des Löwen nachlassen – was zwangsläufig der Fall sein wird – kann der Skorpion zum Vernichter werden. Dies wird sich der Löwe nicht gefallen lassen, er sucht das Weite.

Der Löwe will seinen Spaß haben, der Skorpion ist zu streng. Den Löwen wird es stören, dass sich der launische Skorpion bisweilen auch in sein Inneres zurückzieht und nichts mehr redet. Ein falsches Wort, und der Skorpion wird es einem ewig nachtragen. Er zieht sich zurück, sinnt auf Rache und zahlt es dem Löwen heim. Das wäre das Gegenteil von Geselligkeit, die für den Löwen Lebenselixier ist. Trennungen und Scheidungen sind statistisch gesehen bei diesen beiden Sternzeichen an der Tagesordnung.

Auch mit seiner unverbindlichen Flirtlust bringt der Löwe den Skorpion auf die Palme. Er schmeißt großzügig und genüsslich eine Runde, man trinkt auf sein Wohl – dies alles registriert der Skorpion mit Eifersucht, er allein will für seinen Partner im Mittelpunkt stehen. Schon fährt er den verbalen Stachel aus.

Für eine Löwe-Frau ist die Eifersucht des Skorpion-Mannes unerträglich. Auch hält die Löwe-Frau seine zeitweilige Verschlossenheit und kommunikative Armut nicht lang aus. Mit seiner Sparsamkeit, bis hin zum Geiz, kommt sie extrem schwer zurecht. Er wird dagegen ihre Unternehmungslust, mit Freundinnen auszugehen oder auch mal allein zu verreisen, nicht mögen. Doch darauf verzichtet die Löwe-Frau nicht. Sie braucht das spontane, gesellige Leben, er sucht eine gute Hausfrau und Köchin. Das kann die Löwe-Frau zwar sein, doch sie will dafür mit Aufmerksamkeiten belohnt werden. Darauf kann sie beim Skorpion wahrscheinlich lange warten.

Skorpion-Frauen wiederum sind nicht übertrieben gute Hausfrauen, aber ein gewisses Ordnungs- und Verantwortungsgefühl der Familie gegenüber haben sie. In der Küche geben sie sich einmal große Mühe, das andere Mal muss es schnell gehen, wie es gerade ihrer Laune entspricht. An guten Tagen können sie meisterliche Gerichte zaubern, etwa ein exotisches Gericht mit vielen guten Gewürzen.

Im Lukullischen werden sich Löwe und Skorpion finden: Skorpione lieben einerseits üppige, würzige Gerichte, dann wieder können sie sehr asketisch leben. Aber sie lassen sich doch unter die Genießer einreihen. Beide lieben exzessives, berauschendes Essen, wie es in der reichlich würzigen asiatischen Küche zu finden ist. Auch alle Meeresfrüchte – Hummer, Krabben, Lachs – die dem Löwen munden, finden beim Skorpion ebenfalls Zustimmung. Ausführliche Rezepte für den Skorpion finden Sie im Genussband SKORPION.

Beide greifen gerne zu einem guten Glas Champagner oder Wein. Beide lassen sich von Alkohol und Nikotin stimulieren. Der Skorpion scheut allerdings auch nicht vor Fastfood zurück. Seinen Gästen kann er auch schon einmal einfach herbeigeorderte Sushi aufwarten.

Skorpione sind dem Löwen nur für gewisse Stunden ausgezeichnete Partner: Beide sind begeisterte Nachtschwärmer auf der Suche nach lukullischem und erotischem Vergnügen. Das wird ihnen spontan gut gelingen. In einer dauerhaften Lebenspartnerschaft sind sie nur schwer vorstellbar.

Löwe & Fische

Dieses Gespann kann an und für sich gut harmonieren. Den Fischen gefällt das imponierende Auftreten des Löwen. Und dass der Löwe ihnen Entscheidungen abnimmt, ist für sie besonders angenehm: Droht nämlich Gefahr, schwimmen die Fische davon, während der Löwe sich der Bedrohung stellt. Fische bewundern an ihm den Beschützer. Und der Löwe genießt es, angehimmelt zu werden. Die Fische passen sich gern an. Der Löwe tritt glanzvoll auf und kann den Fischen ein großartiger Ratgeber sein.

Die Fische sind ängstlich, immer auf der Suche nach Sicherheit, Halt und Geborgenheit. Auch im Wirtschaftlichen sind sie stets von Existenzängsten bedroht. Jederzeit, auch wenn es ihnen gut geht, sind sie um einen Notgroschen bemüht. Oft können sie deshalb durch die allzu spendierfreudige Hand des Löwen in Unsicherheit geraten.

Die Fische sind gute Partner, sie kümmern sich mehr um das Wohlbefinden der anderen als um das eigene. Sie vermögen dem Löwen den Rücken frei zu halten, sorgen verlässlich für die Familie und das leibliche Wohl. Auch nehmen sich die Fische liebevoll der größeren und kleineren Gesundheitsprobleme des Löwen an, ebenso wie seiner Gaumenfreuden, denn sie achten auf gesunde Ernährung. Es wird den Fischen keine Probleme verursachen, den Löwen weiterhin mit seinen Leibspeisen zu versorgen, während sie selbst auf Diät sind, denn die Fische trachten immer danach, dass es dem anderen gut geht.

Bei der Ernährung müssen beide aufpassen, dass es nicht zu viel und zu üppig wird. Fische sind nicht unbedingt Allesfresser. Und man würde es nicht glauben, aber: Löwen können auch Vegetarier sein! Die Fische könnten ihn dazu gebracht haben, sich gesundheitsbewusster zu ernähren. Zum Beispiel mit vegetarischen Gemüsegerichten oder weißem Fleisch, mit italienischer und französischer leichterer Kost. Der Löwe sollte tierische Fette meiden, weil diese sein Herz-Kreislaufsystem belasten. Die Fische könnten ihn von cholesterinarmer Kost überzeugen, denn auch die Fische sollten fettreiche Speisen meiden. Ausführliche Rezepte, mit denen man Fische verwöhnen kann, finden Sie in unserem Genussbuch FISCHE.

Oft ist der Magen der Fische empfindlich, das gilt auch bei zu viel Alkohol, zu viel Nikotin. Ein ausufernd exzessives Leben wirkt sich auf die Gesundheit der Fische besonders negativ aus. Die Fische sind für ein einseitiges Luxusleben nicht gut geeignet. Sie halten die Verschwendungssucht nicht gut aus, weil ihr soziales Gewissen ihnen stets einflüstert, dass es Abertausenden gleichzeitig weniger gut geht. Sie sind mitfühlend und schwärmerisch, auch sentimental.

Mit ihrer sozialen Ader können die Fische mit der lebensfrohen Art des Löwen in Konflikt geraten. Fische geben gern alles her, sie können aber auch leicht ausgenützt werden. Fische neigen zu Melancholie, zum Schwarzsehen, zum ängstlichen Denken, was dem Löwen sehr zuwider ist. Aber Löwe-Mann und Fische-Frau haben Chancen auf Harmonie, weil sie eine Leitfigur sucht.

Ein dringender Rat an alle Fische-Frauen: Sie neigen dazu, dem Wohl des Partners Vorrang vor ihrem eigenen Wohl zu geben. Sie sind bestrebt, das Glück des Partners dadurch herzustellen, dass sie ihre eigenen Bedürfnisse zurückstellen und übergehen. Sie müssen lernen, sich nicht kleiner zu machen, sich nicht zu Dienerinnen zu degradieren, denn letztlich erreichen sie dadurch nur das Gegenteil: Statt das Interesse des Partners zu fesseln, bringen sie es zum Erliegen. Die Dankbarkeit, auf welche die Fische-Frau hinarbeitet, bleibt aus. Damit wird sie zur doppelt unglücklichen, allein gelassenen, unverstandenen, auch uninteressanten Person. Durch ihre ewigen Schuldgefühle, ihr ewig schlechtes Gewissen, nicht genug für jemanden anderen getan zu haben, begeben sie sich selbst und oft unverlangt in eine Opferrolle und sind gekränkt, wenn diese nicht gewürdigt wird und die Beziehung jegliche Faszination verliert.

Ein Spezialfall sind Löwe-Frau und Fische-Mann: An und für sich kann hier Harmonie herrschen, denn der Fische-Mann lässt sich von der (ver)führerischen Löwe-

Frau gern leiten. Ist sie jedoch zu dominant, kann es sein, dass der Fische-Mann abdreht und davonschwimmt. Ihre gesellige Lebensführung kann ihm zu viel werden.

Im Allgemeinen will die Löwe-Frau einen starken Mann, der sie bewundert und verwöhnt. Doch der Fische-Mann will selbst umhätschelt werden wie ein Kind. Diese Diskrepanz gilt es zu überwinden. Bringt der Fische-Mann die Größe auf, sie schalten und walten zu lassen, vermag er es, sie wirtschaftlich abzusichern, und lässt er ihr auch den Freiraum zu ihren gesellschaftlichen Eskapaden, dann könnte eine dauerhafte Paarbeziehung funktionieren.

DEM LÖWEN IN DEN KOCHTOPF GESCHAUT

GETRÜFFELTER SOMMERSALAT MIT GARNELEN

Zutaten für 4 Portionen

400 g Garnelen | 4 gr. Tomaten | 2 Paprikaschoten (rot und grün)
1 kl. Zucchini | 2 EL schwarze Oliven | Zitronensaft
Salz | Pfeffer | Olivenöl und Trüffelöl
50 g Gruyère oder geräucherter Büffelmozzarella

Für die Marinade

1 rote Zwiebel | 2 Knoblauchzehen | 1 kl. Stück Staudensellerie
5 EL Olivenöl | 2–3 EL Rotweinessig | Salz | Pfeffer

Zubereitung

Bei den Tomaten Stielansatz entfernen, Tomaten kleinwürfelig schneiden. Paprikaschoten entkernen, Zucchini gut waschen und alles ebenfalls in kleine Würfel schneiden. Oliven entkernen. Für die Marinade Zwiebel und Knoblauch fein hacken. Sellerie waschen und in kleine Würfel schneiden. In einer kleinen Schüssel das Olivenöl mit Essig, Zwiebeln, Knoblauch, Sellerie, Salz und Pfeffer verrühren.
In einer Schüssel das Gemüse mit der Marinade abmachen. In einer Pfanne etwas Olivenöl erhitzen, Garnelen zugeben und rundum wenige Minuten braten, bis sie gar sind. Mit einem Spritzer Zitronensaft ablöschen, salzen und pfeffern. Salat portionsweise anrichten, die lauwarmen Garnelen darauf platzieren und wenig gehobelten oder fein geschnittenen Käse darüber streuen. Mit etwas Trüffelöl beträufeln.

HUMMER AUF SESAM-SOJASPROSSEN-SALAT

Zutaten für 4 Portionen

2 Hummer | 300 g Sojasprossen | 1 Bund Suppengrün
1 Zwiebel | 1 kl. Chilischote | 1 EL Sesamöl | 2 EL Reisessig
1 EL Sojasauce | 1 kl. Stück Ingwer | 2 EL Sesamkörner
Lorbeerblatt | Pfefferkörner | Salz | frischer Koriander

Zubereitung

In einem großen Topf reichlich Wasser aufstellen. Zwiebel halbieren und mit Suppengrün, Lorbeerblatt, Pfefferkörnern sowie einer Prise Salz zugeben. Hummer ins kochende Wasser geben, dann Hitze sofort reduzieren und zugedeckt 15 Minuten ziehen lassen. Herausnehmen, kalt abspülen und Schwanz sowie die Scheren auslösen. Das Schwanzfleisch in kleinere Medaillons schneiden, Scheren ganz lassen.

Sojasprossen waschen, abtropfen lassen und nach Belieben roh verwenden oder noch kurz blanchieren. In eine Schüssel geben. Chilischote entkernen, sehr fein schneiden. Ingwer schälen, ebenfalls sehr fein schneiden und mit Chili, Sesamöl, Reisessig, Sojasauce und Sesamkörnern verrühren. Über die Sprossen gießen und gut durchmischen. Auf Tellern anrichten, jeweils dekorativ mit Hummerstücken belegen und nach Belieben auch mit Hummerschalen garnieren. Mit frisch gehacktem Koriander bestreuen. Hummer nach Belieben mit einigen Tropfen Sesamöl beträufeln.

WEINBERGSCHNECKEN AUF TOMATEN-SPECK-BETT

Zutaten für 4 Portionen

24 Weinbergschnecken aus der Dose
1 Bund Frühlingszwiebeln | 1 Dose geschälte Tomaten
100 g magerer Speck | 2 Knoblauchzehen | 50 ml Wermut
150 ml Gemüse- oder Rindsuppe | Thymian | Majoran
Oregano | 1 EL Tomatenmark | Salz | Pfeffer
Olivenöl | Basilikumblätter

Zubereitung

Zwiebeln und Knoblauch in feine Würfel, Speck kleinwürfelig schneiden. In einem Topf etwas Olivenöl erhitzen, Speck zugeben und langsam anschwitzen. Zwiebeln sowie Knoblauch hinzufügen, kurz anschwitzen. Mit Wermut ablöschen, Tomatenmark einrühren und etwas Suppe zugießen. Aufkochen lassen. Tomaten samt Saft zugeben und dabei die Tomaten grob zerschneiden. Salzen, pfeffern und mit den getrockneten Kräutern würzen. Zugedeckt etwa 10 Minuten vor sich hin köcheln lassen, bis die Flüssigkeit ziemlich verkocht ist. Gegen Ende dafür Deckel abnehmen. Dann die Weinbergschnecken abtropfen lassen und kurz in den Tomaten erhitzen. Auf Tellern anrichten und mit frisch gezupften Basilikumblättern dekorieren. Mit frischem Baguette servieren.

GRATINIERTE AUSTERN MIT PASTISSAUCE

Zutaten für 4 Portionen

12 frische Austern | 50 ml Pastis (Anisschnaps)
300 ml trockener Weißwein | 2–3 Frühlingszwiebeln
3–4 EL (frisch geriebene) Semmelbrösel
1 EL gehackte Petersilie | Butter | Olivenöl | Salz | Pfeffer

Zubereitung

Austern waschen, mit der gewölbten Seite nach unten in die linke Hand nehmen und das Austernmesser dort ansetzen, wo ein schwarzer Punkt sichtbar ist. Schalen mit einer Drehbewegung auseinander drücken und die obere Schale abheben, ohne dabei das Austernwasser zu verlieren. Austern herauslösen, Austernwasser durch ein Sieb seihen. Backrohr auf 220 °C vorheizen. Zwiebeln sehr fein schneiden, in etwas Butter langsam anschwitzen, mit Pastis und Austernwasser ablöschen, aufkochen lassen und Wein zugießen. Kräftig einkochen lassen, bis nur mehr eine sehr konzentrierte Sauce übrig ist. Abseihen. Inzwischen Semmelbrösel und Petersilie in reichlich Butter und einem Esslöffel Olivenöl kurz aufschäumen lassen. Salzen, pfeffern. Austern in je eine Schale legen, mit Pastissauce beträufeln und mit Bröseln bestreuen. Bei maximaler Oberhitze gratinieren. Mit Baguette oder Pumpernickel mit Butter auftragen.

BOUILLABAISSE MIT HUMMER

Zutaten für 4–6 Portionen

1 kg gemischte Filets von Steinbutt, Drachenkopf, Steinbeißer
1 Hummer oder Languste | einige Krebse
1 kg Muscheln | 1 Stück Aal nach Belieben
1,5 l Fischfond mit Weißwein und etwas Wasser „gestreckt"
Salz | Pfeffer | 1 Glas Rouille (scharfe frz. Knoblauchmayonnaise)
2 gr. Baguettes | Knoblauch und Butter nach Belieben

Zubereitung

In einem großen Topf Wasser zum Kochen bringen, Hummer kopfüber hineingeben und etwa 15 Minuten im Wasser ziehen lassen, bis er rot geworden ist. Herausnehmen, halbieren und in Stücke schneiden. Fischfilets in mundgerechte Stücke teilen. Muscheln sauber bürsten, geöffnete Muscheln aussortieren. Fischfond mit Wein und etwas Wasser auf etwa 1,5 Liter aufgießen und erhitzen. Fischstücke einlegen und einige Minuten (Aal etwas länger) ziehen lassen. Dann Muscheln und Krebse zugeben und alles kurz köcheln lassen, bis alle Muscheln geöffnet sind. Am Schluss Hummer einlegen und erhitzen. Inzwischen Baguettes in Scheiben schneiden. Knoblauchzehen zerdrücken, mit Butter verrühren, salzen und pfeffern. Auf einen Teil der Brötchen streichen und alle im heißen Backrohr kurz toasten. Suppe abschmecken und in einer dekorativen Schüssel auftragen. Bei Tisch etwas Rouille in die Suppe einrühren, den Rest auf die Baguettes streichen. Knoblauch-Croûtons extra servieren.

SCAMPI BUZARA AUF LINGUINE

Zutaten für 4 Portionen

300–400 g Linguine (dünne Bandnudeln)
12–16 Scampi (Hummerkrabben) | 200 g Zwiebeln
2 Dosen geschälte Tomaten | 1 kl. frische rote Pfefferonischote
3–5 Knoblauchzehen | 2 EL gehackte Petersilie
50 ml Cognac | 100 ml trockener Weißwein | Thymian | Oregano
Olivenöl | Salz | Pfeffer

Zubereitung

Zwiebeln und Knoblauch fein schneiden, Tomaten grob zerkleinern. In einem Topf oder großen Pfanne reichlich Olivenöl erhitzen und die Scampi in der Schale anbraten, bis sie sich rot verfärben. Wieder herausheben und warm stellen. Zwiebeln und Knoblauch im verbliebenen Fett möglichst langsam auf kleiner Flamme hell anschwitzen, dabei bei Bedarf noch frisches Öl zugießen. Pfefferonischote entkernen, fein schneiden und zugeben. Mit Brandy ablöschen und Weißwein zugießen. Einmal aufkochen lassen, dann Tomaten zugeben und mit Salz, Pfeffer, Thymian sowie Oregano würzen. Halb zugedeckt köcheln lassen, bis die Sauce schön sämig geworden ist. Scampi wieder in die Sauce geben und noch wenige Minute ziehen lassen, bis sie gar, aber noch saftig sind. Petersilie einrühren und Sauce nochmals abschmecken. Inzwischen die Linguine in Salzwasser al dente kochen. Abseihen und auf vorgewärmten Tellern anrichten. Scampi mit Sauce darauf anrichten.

STÖRFILETS AUF CHAMPAGNERSAUCE MIT KAVIAR

Zutaten für 4 Portionen

4 Störfilets (Steinbutt, Seezunge oder andere Fischfilets)
1 Dose Kaviar (echter Beluga-, Osietra-, Forellen- oder Lachskaviar) | 200 ml Champagner
200 ml Fischfond oder klare Gemüsesuppe | 2 Schalotten
1 Staudensellerie | 100 g Crème fraîche | 50 ml Schlagobers
Zitronensaft | Salz | weißer Pfeffer | 2 EL Butter und 1 EL Olivenöl

Zubereitung

Störfilets salzen, pfeffern und mit etwas Zitronensaft beträufeln. Kurz ziehen lassen. Inzwischen Schalotten und Staudensellerie feinwürfelig schneiden. In einer Pfanne reichlich Butter und Olivenöl erhitzen und die Störfilets unter vorsichtigem Wenden auf beiden Seiten gar braten. Herausheben und warm halten.

Schalotten und Sellerie im verbliebenen Fett langsam anschwitzen und bei Bedarf noch frische Butter oder Öl zugeben. Dann mit Champagner und Fischfond bzw. Suppe aufgießen und kräftig einkochen lassen. Nach Belieben durchseihen oder aufmixen. Wieder in einen Topf geben und mit Crème fraîche sowie Schlagobers sämig einkochen lassen. Nochmals mit Salz und weißem Pfeffer abschmecken. Störfilets anrichten, mit der Champagnersauce beträufeln und jedes Filets mit Kaviar garnieren. Dazu passen feines Gemüse (Fenchel, Erbsenschoten) und Salzerdäpfel.

TOURNEDO ROSSINI

Zutaten für 4 Portionen

4 dicke Steaks (4 cm) | 4 Scheiben Toastbrot
4 fingerbreite Scheiben frische Gänseleber (ersatzweise helle Hühnerleber) | (Périgord)Trüffelscheiben oder -splitter (frisch oder aus dem Glas) | 80–100 ml Madeira
150 ml Rindsuppe | Meersalz | Pfeffer | Pflanzen- oder Olivenöl
Butter | 8–12 eiskalte Butterflocken

Zubereitung

Steaks am besten einige Stunden zuvor salzen, pfeffern und in Öl einlegen. Eine beschichtete Pfanne stark erhitzen, Steaks einlegen und auf beiden Seiten anbraten, Hitze stark reduzieren und auf den gewünschten Garpunkt 4–10 Minuten weiter braten. Herausheben und in Alufolie gehüllt warmhalten. Bratenrückstand mit Madeira ablöschen, Suppe und Trüffellake, so vorhanden, zugießen und kräftig einkochen lassen, bis die Sauce etwas sämig geworden ist. Vom Feuer nehmen, eiskalte Butter einrühren. Inzwischen Toastbrote entrinden und in Butter goldbraun toasten, warmhalten. Gänseleber ebenfalls in geschmolzener Butter kurz braten, bis sie goldbraun, aber innen noch weich ist. Mit Meersalz bestreuen. Auf vorgewärmten Tellern zuerst je ein Toastbrot anrichten, darauf das Steak, die Gänseleber und danach die Trüffelscheiben legen. Mit Sauce überziehen. Dazu passt feines Gemüse.

ROSA LAMMFILETS AUF RATATOUILLE

Zutaten für 4 Portionen

600 g Lammfilets (ausgelöster Rücken) | 3 Knoblauchzehen
1 Schalotte | 2 KL Provencekräuter | Salz | Pfeffer | Olivenöl

Für die Ratatouille

2 Zucchini | 1 kl. Melanzani | 1 Hand voll Cocktailtomaten
1 Dose geschälte Tomaten | 1 Paprikaschote | Olivenöl
1 rote Zwiebel | 2 Knoblauchzehen | 50 g magere Speckwürfel
1 EL Provencekräuter | frischer Thymian | Salz | Pfeffer | Chili

Zubereitung

Gemüse in kleine Würfel, Zwiebel in feine Ringe schneiden, die geschälten Tomaten grob zerkleinern. Knoblauch fein hacken. Speck in etwas Olivenöl anbraten. Zwiebelringe und Knoblauch zugeben, kurz weiter braten. Gemüse hinzufügen, mit Salz, Pfeffer, Provencekräutern sowie Chili würzen und zugedeckt 15–20 Minuten dünsten. Bei Bedarf etwas Wasser zugießen. Abschmecken und zum Schluss gezupften Thymian einrühren. Inzwischen Lammfleisch in kleinere zweifingerdicke Medaillons schneiden. Schalotten und Knoblauch sehr fein hacken oder wiegen, salzen, pfeffern und Provencekräuter sowie 4–5 Esslöffel Olivenöl einrühren. Fleisch damit bestreichen, kurz ziehen lassen. Pfanne stark erhitzen, wenig Öl eingießen, Medaillons einlegen und auf beiden Seiten kräftig anbraten. Hitze reduzieren, auf der gewünschten Garungstemperatur noch kurz einige Minuten weiter braten.

ARABISCHES LAMM MIT BLATTSPINAT

Zutaten für 4 Portionen

600 g Lammfleisch zum Dünsten (Keule) | 500 g Blattspinat
3 Knoblauchzehen | 2 gr. Zwiebeln | 2–3 Chilischoten
300–500 ml klare Suppe | Ingwerpulver | Kurkuma | Piment
getrockneter Koriander | 2 EL Rosinen | 4 EL Pinienkerne
Zitronensaft | Salz | Pfeffer | Butterschmalz oder Olivenöl

Zubereitung

Lammfleisch in Würfel schneiden, salzen, pfeffern, mit etwas Zitronensaft beträufeln und ziehen lassen. Zwiebeln und Knoblauch fein schneiden, Chilischoten entkernen, fein schneiden. In einem Topf etwas Butterschmalz oder Olivenöl erhitzen, Zwiebeln zugeben und hell anschwitzen. Lammfleisch zugeben und ebenfalls bei starker Hitze kurz anbraten. Dann Hitze reduzieren, Rosinen, Chili, Knoblauch, Ingwer, Piment, Kurkuma sowie getrockneten Koriander zugeben und mit so viel Suppe aufgießen, dass das Fleisch knapp bedeckt ist, aber nicht „schwimmt". Zugedeckt eine gute halbe Stunde köcheln lassen. Inwzischen den Blattspinat waschen, abtropfen lassen und bei Bedarf kleiner schneiden. In einem Topf möglichst ohne Wasser nur so lange dünsten, bis er zusammenfällt. Salzen, pfeffern. Nun Spinat mit den Pinienkernen unter das Fleisch rühren. Nochmals abschmecken und mit Reis servieren.

GEBRATENE WACHTELN MIT SALSICCE-FÜLLE

Zutaten für 4 Portionen

4 Wachteln | 150–200 g Salsicce (grobe ital. Bratwurst)
3 Scheiben Toastbrot | Milch | 1 Ei | 2 EL gehackte Petersilie
1 Glas kräftiger Weißwein | Geflügelsuppe
einige Wacholderbeeren und Pfefferkörner | Thymian
Muskatnuss | Salz | Pfeffer | Olivenöl | Kalte Butterflocken

Zubereitung

Toastbrote in Wasser oder Milch einweichen. Wacholderbeeren und Pfefferkörner fein zerdrücken oder mörsern. Bratwurst schälen, das Brät mit dem ausgedrückten Toastbrot, Ei, Petersilie sowie sämtlichen Gewürzen vermengen. Backrohr auf 180 °C vorheizen. Die Wachteln innen sowie außen salzen und pfeffern und mit der Masse füllen. Mit Küchengarn vernähen. In einer Pfanne Olivenöl erhitzen und die Wachteln rundum kurz anbraten. Bratensatz mit etwas Geflügelsuppe lösen und Wachteln unter einmaligem Wenden im Rohr 20–25 Minuten goldbraun braten. Dabei ab und an frische Suppe zugießen und die Wachteln mit Bratensaft übergießen. Fertige Wachteln herausheben und warm rasten lassen. Bratensatz mit einem Glas Weißwein und etwas Suppe lösen, kräftig einkochen lassen. Vom Herd nehmen und mit einigen kalten Butterflöckchen binden. Mit cremiger Polenta mit Trüffelöl servieren.

Chinesische Festtafel Teil 1:

GEBRATENER REIS

Zutaten für 4 Portionen

2 gr. Tassen Reis | 1 EL Speckwürfel
300 g Bratenreste und/oder Schinken
150 g kl. geschälte Shrimps
½ Bund Frühlingszwiebeln | 2–3 Eier | 2 Knoblauchzehen
300–400 g Gemüse (Erbsen, Erbsenschoten, Paprikaschoten, Karottenstreifen, Sprossen etc.)
Sesamöl | Sojasauce | Salz | Öl

Zubereitung

Reis unter fließendem kalten Wasser waschen, bis das Wasser klar ist. Gut abtropfen lassen. Je nach Sorte in leicht gesalzenem Wasser ca. 20 Minuten weich kochen oder dämpfen. In ein Sieb geben, kalt abschrecken und abermals sehr gut abtropfen lassen. Gemüse je nach Sorte klein schneiden oder in feine Streifen schneiden. Bratenreste in mundgerechte Bissen schneiden, Zwiebeln halbieren, Knoblauch fein hacken. Einen Wok oder schwere Pfanne stark erhitzen, etwas Öl zugießen, den Speck zugeben und anbraten. Knoblauch zugeben, kurz anrösten. Je nach Garungszeit Gemüse und Frühlingszwiebeln nacheinander zugeben und kurz braten. Fleisch, Shrimps und Reis einmengen. Eier verquirlen, einrühren und kurz stocken lassen. Mit einem Schuss Sesamöl und Sojasauce würzig abschmecken.

Chinesische Festtafel Teil 2:

GARNELEN MIT ERBSENSCHOTEN

Zutaten für 4 Portionen

600 g Garnelen ohne Schale | 250 g junge Erbsenschoten
½ Bund Frühlingszwiebeln | 3–4 Knoblauchzehen
1 kl. Stück Ingwer | 4–5 EL Sojasauce | Chilischoten nach Wunsch
4 EL Limettensaft | Reiswein oder Sherry | 1 EL brauner Zucker
je 1 Schuss Austern- und Fischsauce
2 EL gehacktes Koriandergrün | 4 EL Erdnuss- oder Pflanzenöl

Zubereitung

Ingwer schälen und ebenso wie die Frühlingszwiebeln und den Knoblauch fein hacken. Mit Sojasauce verrühren und die Garnelen darin marinieren. Erbsenschoten zuputzen. Limettensaft mit je einem Schuss Austern- und Fischsauce, etwas Chili und Zucker verrühren. Einen Schuss Reiswein oder Sherry zugießen und gut durchrühren.

Einen Wok oder schwere Pfanne stark erhitzen, etwas Öl zugießen, Erbsenschoten hinzufügen und kurz braten. Garnelen zugeben und nur wenige Minuten darin rundum braten, bis sie sich rot verfärben. Limettensauce darüber gießen, gut durchrühren und kurz ziehen lassen. Nochmals abschmecken und gehacktes Koriandergrün einrühren. In Schälchen anrichten und mit Reis servieren.

Chinesische Festtafel Teil 3:

SCHWEINSLUNGENBRATEN MIT PAPRIKAGEMÜSE

Zutaten für 4 Portionen

600 g Schweinslungenbraten | 1 rote Paprikaschote
1 grüne Paprikaschote | 1 kl. Chilischote | 1 Stange Lauch
2 Knoblauchzehen | Soja- und Austernsauce | Prise Zucker
frisch geriebener Ingwer | etwas Maisstärke | Sesamöl
Salz | Pfeffer | 4–6 EL Erdnuss- oder Pflanzenöl
Sesamkörner | gehacktes Koriandergrün

Zubereitung

Schweinslungenbraten zuputzen und in dünne Scheiben schneiden. Salzen, pfeffern und mit Maisstärke wenden. Chili- und Paprikaschoten entkernen, in feine Ringerl bzw. Streifen, den Lauch in Ringe schneiden. Knoblauch hacken. Einen Wok oder schwere Pfanne stark erhitzen, das Erdnuss- oder Pflanzenöl zugießen, Lauch, Knoblauch, Paprika sowie Chili zugeben und kurz anbraten. Schweinslungenbraten einmengen und ebenfalls einige Minuten braten, bis er durch, aber noch saftig ist. Eine Prise Zucker und etwas frisch geriebenem Ingwer darüber streuen und mit einem kräftigen Schuss Sojasauce sowie wenig Austernsauce ablöschen. Kurz köcheln lassen, mit wenig Sesamöl und gehacktem Koriander abrunden. In vorgewärmte Schalen füllen und mit Sesamkörnern bestreut am besten mit Reis auftragen.

Chinesische Festtafel Teil 4:

GEBRATENE HÜHNERWÜRFEL MIT PAK CHOI

Zutaten für 4 Portionen

600 g Hühnerbrust | 300 g Pak Choi | 1 Bund Frühlingszwiebeln
1 kl. Stück Ingwer | 1 kl. Chilischote | 2 Knoblauchzehen
2 Eiklar | 4–6 EL Erdnüsse | Sojasauce | Erdnussöl

Für die Sauce

150 ml klare Suppe | 2–3 EL Sojasauce | 1 TL Maisstärke
1 TL Honig oder brauner Zucker | Schuss Reiswein oder Sherry

Zubereitung

Eiklar mit einem kleinen Schuss Sojasauce verquirlen. Hühnerfleisch in Würfel schneiden, zugeben und 30 Minuten darin marinieren. Pak Choi in breite Streifen schneiden. Ingwer und Knoblauch schälen und hacken. Frühlingszwiebeln in feine Scheiben schneiden. Chilischote entkernen, ebenfalls fein schneiden. Einen Wok stark erhitzen, zunächst wenig Öl eingießen und die Erdnüsse knusprig rösten. Wieder herausheben. Frisches Öl nachgießen und Chili mit Frühlingszwiebeln, Knoblauch sowie Ingwer zugeben und kurz anrösten. Hühnerwürfel einmischen und goldbraun braten. Inzwischen die Suppe mit Sojasauce, Maisstärke, Honig und Reiswein gut verrühren. Pak Choi in den Wok geben, Sauce zugießen und alles gut durchrühren. Noch wenige Minuten garen, bis alles durch ist. Kurz vor dem Servieren die Erdnüsse hinzufügen.

Chinesische Festtafel Teil 5:

MARINIERTE FEIGEN MIT PHYSALIS UND VANILLEEIS

Zutaten für 4 Portionen

8–12 frische Feigen | 1 Hand voll Physalis
150 ml Pflaumenwein | 50 ml Reiswein oder Sherry
1 EL Honig | Schale einer Orange | 1 Sternanis
einige Kardamomkapseln | Prise Zimtpulver
Vanilleeis nach Belieben

Zubereitung

Zunächst die Feigen gut waschen, nach Belieben schälen und kreuzweise einschneiden. In einem Topf Reiswein mit Pflaumenwein vermengen, Honig, Sternanis, Kardamom sowie eine kräftige Prise Zimt zugeben und mit etwas abgeriebener Orangenschale aromatisieren. Feigen einlegen und langsam erhitzen. Sobald der Wein zu kochen beginnt, Hitze sofort reduzieren und Feigen zugedeckt einige Minuten köcheln lassen. Vom Herd nehmen und etwas überkühlen lassen. Die lauwarmen Feigen anrichten, die Hülle der Phasalis möglichst dekorativ nach hinten stülpen und die Früchte rund um die Feigen anrichten. Vanilleeis in einem extra Schälchen servieren. Mit Hohlhippen oder Biskotten auftragen.

SALAT AUS EXOTISCHEN DÖRRFRÜCHTEN UND MANDELN

Zutaten für 4 Portionen

400 g getrocknete Mango, Papaya, Ananas, Birnen, Marillen, Zwetschken | 80 g Pistazien | 80 g Mandeln | 200 g Zucker
1 TL Rosenwasser | 1 KL abgeriebene Orangenschale
einige Gewürznelken | 1 Zimtstange
1 Sternanis | Eis oder Zimtobers als Garnitur

Zubereitung

Gedörrtes Obst in ein Sieb geben und gut waschen. In eine Schüssel umfüllen und knapp mit Wasser bedecken. Pistazien und Mandeln nur sehr grob zerkleinern und einrühren. In einer Schüssel Zucker mit etwas Wasser verrühren, Rosenwasser sowie abgeriebene Orangenschale zugeben und gut vermischen. Unter das Obst rühren, Gewürznelken, Zimt und Sternanis zugeben. Zugedeckt mindestens über Nacht, besser länger, weichen lassen. Vor dem Servieren nochmals gut durchrühren und in möglichst dekorative Schalen füllen. Nach Belieben mit Eis oder gezuckertem, mit Zimt aromatisiertem Schlagobers garnieren.

KARAMELLISIERTE ANANAS UNTER DER SCHNEEHAUBE

Zutaten für 4 Portionen

1 Ananas | 200 g Erdbeeren | 3 Eier | 4 EL magerer Topfen
1 EL Kristallzucker | 1 EL Staubzucker | 1 Pkg. Vanillezucker
ca. 50 ml Cointreau | Zitronensaft | Zimt | 2–3 EL Butter
Staubzucker

Zubereitung

Die Ananas schälen, das harte Innere entfernen und das Fruchtfleisch dabei in kleine Scheiben oder Stücke schneiden. Butter schmelzen lassen, Ananas zugeben und Kristallzucker sowie eine kräftige Prise Zimt darüber streuen. Rundum kurz karamellisieren. Etwa die Hälfte des Cointreaus zugießen und dann vom Herd nehmen. Erdbeeren nach Belieben halbieren und einrühren. In eine feuerfeste Auflaufform umfüllen.
Backrohr auf maximale Oberhitze vorheizen. Eier trennen. Dotter mit Staub- und Vanillezucker schaumig schlagen. Mit Topfen, einem Spritzer Zitronensaft und restlichem Cointreau gut verrühren. Eiklar zu Schnee schlagen und behutsam unter die Dottermasse ziehen. Gratiniermasse auf das Obst auftragen und im Rohr goldgelb überbacken. Vor dem Servieren mit Staubzucker bestreuen.

FLAMBIERTE HIMBEEREN AUF PALATSCHINKEN

Zutaten 4 Portionen

600 g Himbeeren | 1 EL brauner Zucker | 1 EL Kristallzucker
Zitronensaft | 3 EL Orangensaft | 2–3 EL Balsamicoessig
2 EL frisch gehackte Minze | 2 EL Butter
50 ml Himbeerschnaps zum Flambieren | Eis nach Belieben

Für die Palatschinken

80–100 g Mehl | ca. 120 ml Milch | 2 Eier
1 EL Öl | 1 EL Zucker | Pflanzenöl zum Backen

Zubereitung

Zunächst aus den angegebenen Zutaten einen eher festen Teig anrühren und kleine kompakte Palatschinken daraus backen. Warm halten. Ein Drittel der Himbeeren zerdrücken oder pürieren und mit braunem Zucker und Balsamicoessig gut verrühren. In einer Pfanne Butter schmelzen lassen, Kristallzucker einrühren und kurz karamellisieren lassen. Mit Orangen- und einem Spritzer Zitronensaft ablöschen und einmal aufkochen lassen. Hitze sofort reduzieren, Himbeeren zugeben und behutsam durchrühren. Vom Herd nehmen. Himbeerschnaps zugießen und flambieren. Die gehackte Minze unterrühren. Warme Palatschinken auflegen und mit dem Beerenpüree bestreichen. Jede Palatschinke zur Hälfte mit den flambierten Himbeeren belegen. Andere Hälfte locker darüber klappen und mit Eis garnieren.

SCHOKOLADE-NUSS-KUCHEN MIT SCHLAGOBERS

Zutaten für 1 Kastenform

4 Eier | 150 g Butter | 150 g Zucker
1 kl. Tafel gute dunkle Kochschokolade (100 g)
60 g geriebene Nüsse | 60 g glattes Mehl | 1 TL Backpulver
Salz | Butter und Semmelbrösel für die Form | Staubzucker
Schlagobers zum Garnieren

Zubereitung

Eier trennen, das Backrohr auf 180 °C vorheizen. In einer Schüssel Dotter mit Butter und Zucker schaumig rühren. Die Schokolade in Stücke brechen und auf kleinster Flamme unter Umrühren schmelzen (oder fein reiben). Inzwischen Backpulver mit dem Mehl vermengen. Schokolade und Nüsse unter die Dotter mengen. Eiklar mit einer winzigen Prise Salz zu steifem Schnee schlagen. Mehl und Schnee langsam unter die Dottermasse heben.

Eine passende Form mit geschmolzener Butter ausstreichen, mit Bröseln ausstreuen und die Masse einfüllen. Im Rohr etwa 40 Minuten backen. Herausnehmen und kurz überkühlen lassen. Stürzen und mit Staubzucker kräftig bestreuen. Mit geschlagenem Obers garniert servieren.

Herbert Pfarrhofer / APA / picturedesk.com

Gerda Rogers, geboren in Mährisch Schönau, Tschechien, eröffnete nach Jahren im Showbusiness in der Nähe von Wien eine Praxis für astrologische Lebensberatung. Ihr Wissen präsentiert sie einem breiten Publikum im Radio (u.a. in den „Ö3-Sternstunden"), bei TV-Auftritten und in Print-Medien.

NEWS/Prader

Senta Ziegler, Dr. iur., wurde 2010 vom Branchenmagazin „Der Journalist" zum vierten Mal zur erfolgreichsten Gesellschaftsjournalistin des Jahres gekürt. Autorin der Bestseller „Österreichs First Ladies" und „Der Medien-Knigge" sowie der Biografie von Dagmar Koller „Jetzt fängt's erst richtig an".